U0906060

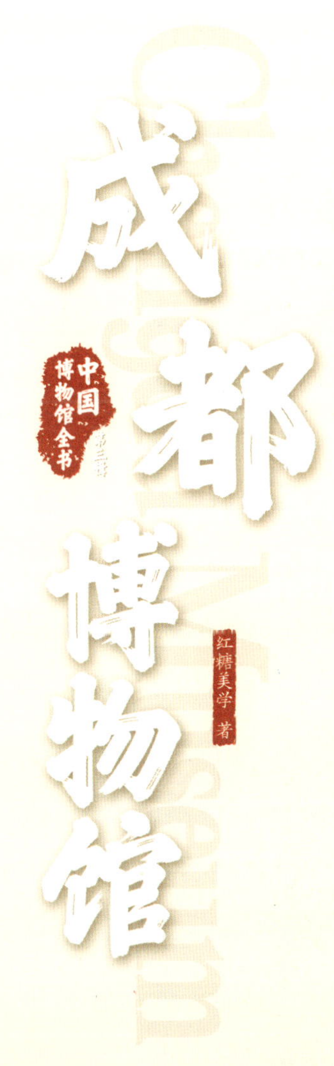

華中科技大學出版社
http://press.hust.edu.cn
中国·武汉

前言 Preface

欢迎你踏上这场奇妙的历史文化之旅——一次穿越时间和空间，与文物对话的机会。在这套图书中，我们将带你走进10座极富特色的中国博物馆，一窥那些见证历史沧桑、承载文明智慧的国宝。

每一座博物馆都是一座宝库，不仅收藏着数不清的历史珍品与艺术精品，更蕴含着无尽的知识和故事。在这些博物馆宁静的大厅里，时间似乎停滞了。古代工匠们的智慧和才能，历史的波澜和变迁，使得每一件展品都鲜活起来，等待着我们去发现和了解。

从甘肃省博物馆的历史厚重到首都博物馆的皇家气韵，从成都博物馆的天府风采到广东省博物馆的岭南风情，从布达拉宫的神秘庄严到敦煌博物馆的视觉震撼，从殷墟博物馆的商代遗迹到秦始皇帝陵博物院的兵马雄风，再到中国丝绸博物馆、新疆维吾尔自治区博物馆的地域特色，本套图书将为你开启一扇时光之门，带你走进一处处国家宝藏胜地。

我们深知，以一套书的有限篇幅，无法完整展现每座博物馆所有重要的国宝。于是，我们从文物的历史和文化价值、工艺水平、独特性与创新性，以及社会知名度和影响力等多方面综合考量，精心挑选了每座博物馆的20～24件最具代表性的珍贵文物。它们有的是各自博物馆的镇馆之宝，有的是某个时代的历史见证。此外，为了让读者更清晰地对文物进行了解和比较，我们将文物按不同类型来介绍。通过这些文物，读者不仅能欣赏到数千年间的艺术瑰宝，更能深入探索中华文明的发展脉络，体会历史的深度与厚重。

你即将翻阅的是成都博物馆分册。这本书宛如一幅生动的长卷，缓缓展开天府之国的辉煌篇章。每一件展品都是一扇窗，透过它们，你可以窥见成都数千年的风云变幻。这些文物如同岁月的见证者，静静地诉说着古蜀大地的传奇，从神秘的三星堆铜人头像到五代后蜀的彩绘陶花冠舞俑，从釉彩精美的邛窑黄绿釉高足瓷炉到有着深远寓意的粉彩云蝠纹瓷赏瓶，它们跨越时空，将古蜀文明的智慧与魅力完美呈现。在这里，你可以与历史对话，触摸文化的脉动，感受文明的温度。

我们相信，这不仅是一次认知和学习的过程，更是一次心灵和情感的旅行。我们希望，这套图书能够激起你对历史的好奇心，唤起你对传统文化的尊重和保护，更希望这趟文化之旅成为你心中宝贵的记忆。

目录 Contents

成都博物館
CHENGDU MUSEUM

博物馆概况

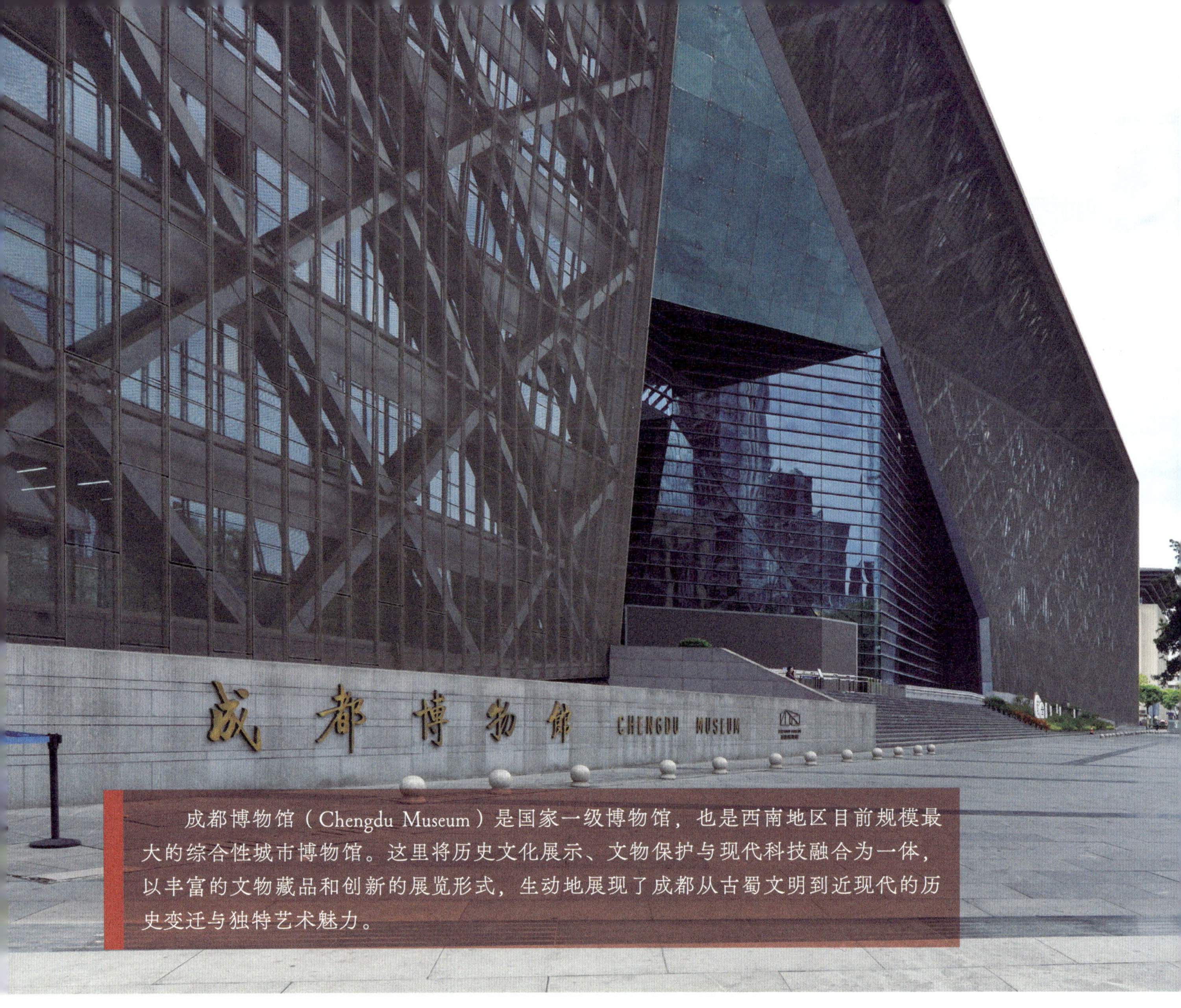

成都博物馆（Chengdu Museum）是国家一级博物馆，也是西南地区目前规模最大的综合性城市博物馆。这里将历史文化展示、文物保护与现代科技融合为一体，以丰富的文物藏品和创新的展览形式，生动地展现了成都从古蜀文明到近现代的历史变迁与独特艺术魅力。

位置与规模

成都博物馆位于四川省成都市青羊区小河街1号，坐落在天府广场。博物馆总建筑面积约65000平方米，其中展陈面积接近20000平方米。建筑整体分为南楼和北楼，南楼主要用于办公，北楼是藏品展示区。成都博物馆的建筑外形灵感来源于古蜀先民对西山的崇拜，其主体采用金属与玻璃装饰，在阳光的照耀下呈现出“金镶玉”的独特效果，体现了古蜀文明对金与玉的尊崇。馆内藏品丰富，涵盖从新石器时代到民国时期的文物，包括历史文物、皮影木偶、近现代书画精品等。

多年来，成都博物馆始终坚持高质量发展，在文物保护、展览创新、文化交流和社会服务等方面均表现突出，曾荣获“全国文物系统先进集体”“全国最具创新力博物馆”“全国博物馆十大陈列展览精品奖”等多项国家级奖项。2024年，成都博物馆入选全国年度热门百强博物馆榜单，位列前十，已然成为成都的文化地标和城市名片，是记录与展现成都悠久历史的“百科全书”。

发展历程

成都博物馆的历史可追溯到1958年成立的成都市地志博物馆筹备处。历经近70年的发展，博物馆从初创逐步走过多个重要的发展阶段，再到新馆建设与高速发展，始终致力于打造全国卓越、具有国际影响力的大都市博物馆。

○ 早期历史

成都博物馆的历史可以追溯到1958年9月15日，这一天，成都市地志博物馆筹备委员会正式成立，馆址设在大慈寺内，这标志着成都博物馆的前身诞生。1984年10月1日，成都市博物馆在大慈寺正式对外开放。

2004年，成都市博物馆迁出大慈寺，为新馆的建设做准备。2010年，成都博物馆新馆正式立项，建设工作全面启动。2016年9月15日，成都博物馆新馆正式开馆，标志着博物馆进入了一个全新的发展阶段。

○ 高速发展

自2016年新馆开放以来，成都博物馆开启了高速发展的新篇章。博物馆积极开展数字化建设，开通全景导览、文物3D展示和语音导览等线上观展功能，数字化建设成果斐然。在展览内容和形式上，博物馆持续创新，同时借助“一馆一策”等政策机制，使内部管理与学术研究水平得到显著提升。

此外，成都博物馆通过与意大利、法国、英国等多国的知名博物馆合作举办展览，进一步扩大了国际影响力，有力地推动了文化交流与文明互鉴。

藏品概况

成都博物馆的藏品涵盖了从新石器时代到民国时期的多种艺术形式与文化类型，形成了完整的文化序列，展现了成都的悠久历史与灿烂文化。

成都博物馆现有藏品总数近30万件，时间跨度从新石器时代直至民国时期，形成了一条贯穿数千年的完整历史脉络。这些珍贵的文物不仅数量庞大，而且种类丰富，涵盖了青铜器、金银器、画像砖、石刻、陶瓷器、皮影、木偶等多个门类，堪称一部立体的中华文明史。这里不仅是一座文物宝库，更是一座连接古今的桥梁，可以让我们穿越时空，领略成都这座城市的悠久历史和独特魅力。

○ 青铜器与金银器

成都博物馆的青铜器藏品造型古朴而独特，纹饰细腻且精美，它们仿佛是凝结在时光中的艺术瑰宝，生动地展现了古代青铜铸造技艺的卓越成就。馆内的金银器同样令人瞩目，数量众多且种类丰富，不仅彰显了古代成都地区金银工艺的精湛水平，更如同历史的密钥，为研究当时社会的经济状况与文化交融提供了珍贵的线索。

○ 陶瓷器

成都博物馆的陶瓷器藏品琳琅满目，跨越多个历史时期。汉代陶俑造型生动、风格质朴；五代乐舞俑尽显宫廷雅韵；宋代白瓷釉面纯净，彰显高雅气质；明清时期的青花瓷与彩瓷则充分展现了当时陶瓷工艺的成熟与陶瓷种类的丰富多样。这些藏品共同勾勒出成都地区的陶瓷工艺从古至今的辉煌轨迹。

画像砖与石刻

汉代画像砖是成都博物馆的特色馆藏之一，其内容涵盖农耕、狩猎、宴饮、车马出行等丰富场景，生动地再现了汉代的社会生活与风俗，是研究汉代历史的重要资料。馆内还藏有大量石刻精品，其中，南北朝的佛教石刻形态优美、雕刻精细，展现了佛教在中国的传播与发展，成为研究中国古代佛教文化与社会审美的珍贵史料。

皮影与木偶

皮影与木偶是成都博物馆的特色藏品。在新馆中的成都中国皮影博物馆中，收藏了大量清代至民国时期的皮影作品。这些皮影制作精巧，色彩鲜艳，题材涵盖历史故事、神话传说、民间生活等，充分体现了中国民间艺术的独特魅力。内还收藏了许多造型栩栩如生、服饰华丽精美的木偶，这些类型丰富的木偶是研究中国传统戏剧与民间艺术的重要实物资料。

展览设置

成都博物馆以『花重锦官城——成都历史文化陈列』常设展览为核心，全方位的展示成都的多元特色，同时通过临时展、特别展拓展主题，融合东西方文化，彰显成都作为历史文化名城的魅力。

○ 常设展览

花重锦官城——成都历史文化陈列

古代篇： 分为“九天开出一成都：先秦时期的成都”“西蜀称天府．秦汉至南北朝时期的成都”“喧然名都会：隋唐五代宋元时期的成都”“丹楼生晚辉：明清时期的成都”四个单元，从先秦到明清，系统梳理成都历史脉络，展现其深厚的文化积淀。

近世篇： 聚焦19世纪中叶以来社会大变局，从“保路运动的重要策源地”“抗战大后方的战略重镇”“解放大西南的主要战场”三方面，彰显成都在中国近代史上的重要角色。

民俗篇： 通过市井生活、美食香茗等主题，展现成都人包容与闲适的生活态度，呈现成都独特的人文气质与精神风貌。

影舞万象——中国皮影展： 展示皮影的制作工具、精美造型、精湛技艺与皮影戏影像资料等，彰显中国传统光影艺术魅力。

偶戏大千——中国木偶展： 追溯中国木偶的历史，介绍多种木偶戏的分布与特点，展现木偶艺术的多样性与传承创新。

人与自然——贝林捐赠展： 通过300余件动物标本，多方位地战士大陆多样物种和生态系统的特征，讲述背后的故事，深入探讨人与自然的关系。

临时展览与特别展览

成都博物馆依托本土深厚的历史文化底蕴，近年来推出了一系列高质量的临时展览和特别展览，展现了成都多元文化的独特魅力。例如，“风华万象——16~20世纪典藏珍品艺术展”集中展示了跨越四个世纪的珍贵艺术品，呈现了东西方艺术的交融与传承；“寻踪美洲豹——墨西哥古代文明展”通过展出墨西哥古代文物，展现了美洲文明的辉煌与神秘；“满庭芳——金银器里的宋代生活”以宋代金银器为载体，还原了宋代社会的精致生活与文化风貌；“锦城丝管：和合共鸣的音乐成都”则通过音乐文物与历史文献等，展现了成都作为音乐之城的悠久传统……这些展览吸引了大量观众，使成都博物馆成为人们了解成都本土和东西方历史文化的重要窗口。

博物馆展览分布图

1 铜人头像
2 船棺
3 石犀
4 经穴漆人
5 陶俳优俑
6 镂空金香囊
7 铜盏
8 虎钮铜錞于
9 狩猎纹铜壶
10 铜樽
11 陶立舞俑
12 成汉陶俑
13 彩绘陶花冠舞俑
14 彩绘陶琵琶俑
15 陶庭院
16 彩釉陶侍从俑
17 邛窑黄绿釉高足瓷炉
18 定窑白瓷孩儿枕
19 珐华堆塑狮纹带盖瓷炉
20 粉彩云蝠纹瓷赏瓶
21 漆豆
22 庄园生活画像石
23 柱僧逸造阿育王像
24 团窠对兽纹夹联珠对鸟纹半臂

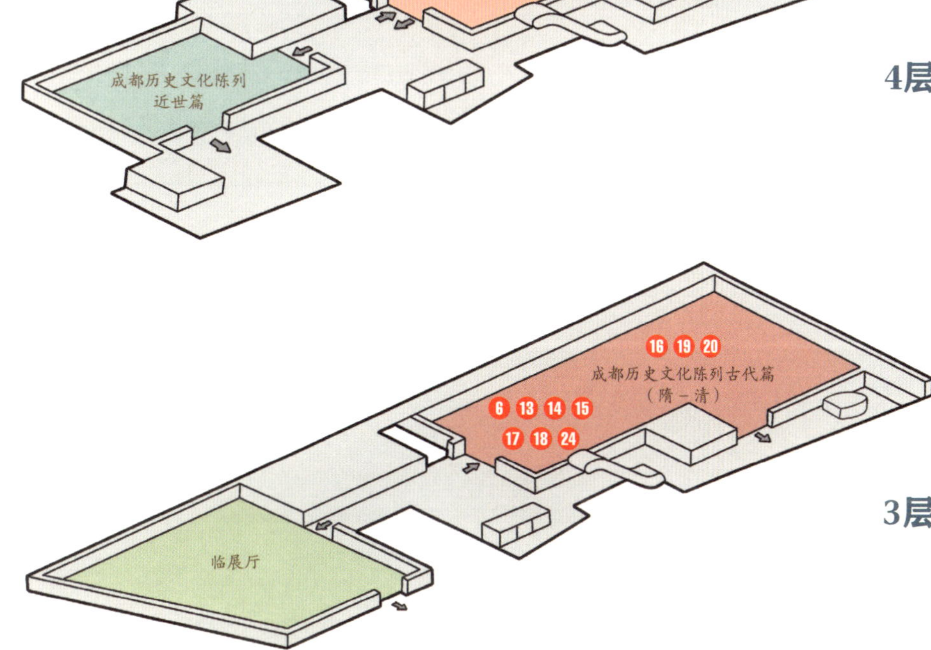

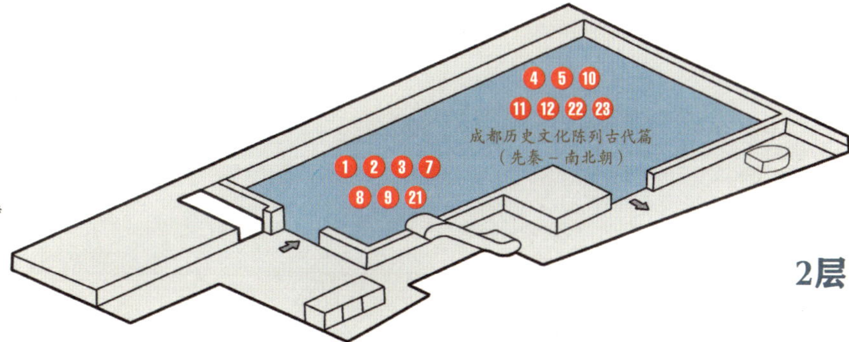

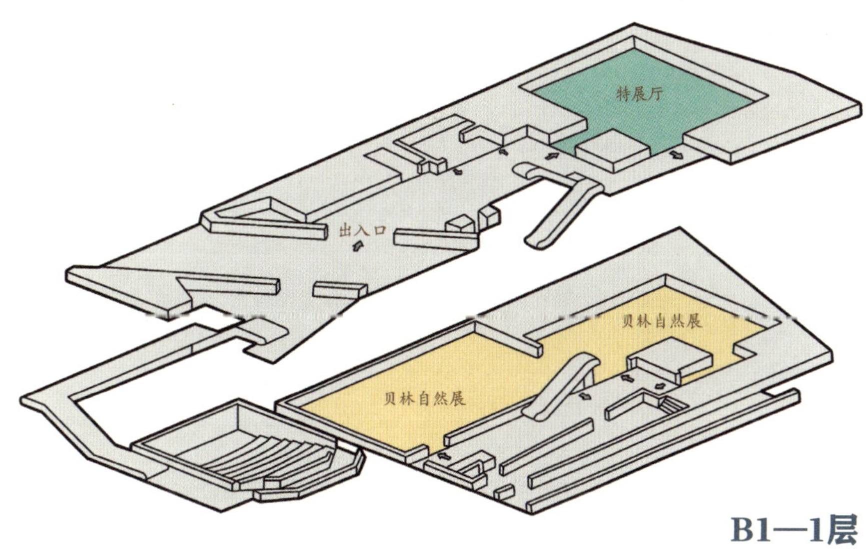

注意 本书的文物所在位置是以作者当前写作阶段的文物位置作为参考标注的，由于各博物馆经常会有馆藏出借、临时特展或巡回展，所以无法保证位置固定不变。另外，由于页面篇幅有限，所以此处只展示了成都博物馆的部分楼层，请各位读者知晓，以实际的参观情形为准。

镇馆之宝

铜人头像

船棺

石犀

经穴漆人

陶俳优俑

镂空金香囊

铜人头像

古蜀三星堆的神秘使者

这尊铜人头像是古蜀三星堆的代表性文物之一，其面部特征鲜明，造型风格独特，彰显出古蜀文化的神秘与深邃。作为祭祀场合的重要器物，它反映了古蜀人对神灵的崇拜之情和当时祭祀文化的繁荣。这件铜人头像既是古蜀宗教信仰的直观体现，也为探究古蜀社会结构与文化特质提供了重要的实物资料。

国宝名称：铜人头像

所属年代：商

出 土 地：四川省广汉市三星堆遗址二号祭祀坑

背面图

铜人头像的面容刻画细腻而传神，尽显古蜀文明的独特魅力。双眉浓密而粗犷，眉间紧凑，似在皱眉沉思；三角形的斜眼上扬，眼睑轻合，透露着深邃与神秘的气息。挺拔的鼻梁与宽阔的嘴巴相得益彰，双唇紧闭，威严之态溢于言表。

铜人头像呈国字脸型，五官特征十分鲜明，既符合人物面部的解剖学特征，又增添了一种艺术的夸张和表现力。眉、眼、鼻等部位的线条流畅而立体，微微凸出，形态栩栩如生，展示出独特的艺术魅力。

铜人头像的耳朵硕大夸张，向两侧舒展，为整个头像平添了几分视觉上的开阔感。耳朵上半部分雕琢着纹路，仿佛是对真实耳廓的精心临摹。耳垂上留有穿孔痕迹，可能用于佩戴耳饰，折射出那个时代独特的装饰风尚和社会文化。

铜人头像的头发向后梳拢，编成长辫垂落于脑后，发辫的线条走向清晰且流畅，其上端的束发设计更添几分精致感。这种发型简洁而实用，既可能是日常生活中的造型，又或许是战士的利落形象，映射出古蜀人在美观与实用之间寻求平衡的独特智慧。

铜人头像的颈部粗长，线条笔直。颈部下端的前后部分都精心铸造成倒尖角的形状，前后长度不一，前端较短而后端较长，这种不对称的造型可能具有特定的象征意义。

颈部侧面图

三星堆人像的风华百态

三星堆人像以其风华百态展现了古蜀文明的独特魅力。它们或庄重肃穆，或灵动神秘，造型各异却都充满力量与艺术之美。这些人像不仅是古蜀人精湛工艺的见证，更是其信仰、文化与审美的结晶，为我们打开了一扇通往古蜀文明的神秘之门。

高冠立发

这件青铜立发人像仅存头部，整体器形因部分缺失而无法完整呈现，但其头部特征明显，高冠和直立的发式构成了其显著的象特征。这种设计不仅反映了当时的美学标准，也可能代表着特定的宗教内涵或社会象征。

青铜立发人像（商，三星堆博物馆）

发间饰簪

这件青铜人头像也被称为“饰簪青铜像”。其头像上的发簪装饰不仅是艺术表现的一部分，更是一种社会地位的象征。在古代社会中，戴发簪的形象通常与较高的社会地位联系在一起，可能代表着宗教领袖、贵族阶层或具有特殊身份的人物。这些细节的刻画，不仅为我们提供了了解古蜀社会结构的途径，也让我们对当时的社会风俗和审美观念有了更深的理解。

青铜人头像（商，三星堆博物馆）

土著风格

右图这件人头像以简洁明快的造型和朴实敦厚的面容，展现了古蜀地区文化的深厚底蕴。头像的设计体现了古代工匠对人物形象的深刻理解和高超的铸造技艺，头像的造型和装饰则展现出浓郁的地方特色，为我们研究古蜀地区的社会生活和文化特点提供了宝贵的实物资料。

青铜人头像（商，三星堆博物馆）

青铜顶尊人头像（商，三星堆博物馆）

青铜人头像（商，三星堆博物馆）

头顶大尊

上图这件青铜顶尊人头像将人头与尊相结合，再现了古蜀祭祀的场景，展现了古蜀文明独特的信仰与艺术风格。青铜尊在古代是重要的祭祀礼器，象征敬重与尊崇，顶尊的人可能正在向神灵献祭。

女巫形象

上图这件人头像在众多同类文物中显得尤为独特。据专家推测，它可能代表着古蜀国女巫的形象。一方面，头像面部细腻刻画的温和表情，与古代女性形象颇为相似；另一方面，三星堆遗址丰富的祭祀文化背景也表明，这尊头像所代表的人物或许正是祭祀仪式中的重要角色之一。

船棺

载魂之舟

国宝名称：船棺

所属年代：战国

出 土 地：四川省成都市商业街船棺葬墓

不带盖的船棺长约4.53米，宽0.8~0.9米，高约0.6米；另一船棺带盖长约4.77米，宽0.7~0.9米，高约1.08米。2000年，在成都市商业街发现了船棺葬墓，共出土了17具船棺葬具，其中最大的一具船棺长达18米，是目前国内发现的规模最大的船棺葬。

采用船形木棺作为葬具，是当时古蜀地区盛行的丧葬习俗。商业街船棺合葬墓的发现，为研究古蜀社会的政治结构、宗教信仰和丧葬习俗提供了珍贵的实物资料。

船棺的前端因工匠们从底部向上斜削，形态微微上翘，形如即将破浪前行的船头。这样的设计不仅赋予了船棺一种即将启航的动态感，也象征着古人对生命旅程的深刻思考。

棺盖与棺身制作工艺相同，其形制与棺身完美契合，上下两部分对扣在一起，构成了一具完整而庄重的船棺，仿佛一艘永恒的航船，承载着逝者的灵魂驶向另一个世界。

在船棺的两侧，工匠们各凿出了一个半圆形的孔洞，孔洞从棺内侧身斜向穿透至棺面。孔洞的设计赋予了船棺一种独特的视觉效果，仿佛是航船两侧打开的舷窗，为这件古朴的葬具增添了几分灵动。

船棺选用质地坚硬、耐腐防虫的楠木精心打造而成，其造型宛如两艘独木舟，古朴而庄重。这种独特的船棺墓葬形式，映射出古蜀先民对江水与舟楫的深厚情感，他们期望用船棺送魂，借助江水的力量实现往生，因此船棺也被赋予了“载魂之舟”的美称。

俯视图

船棺身中央的船舱即为安放遗体的棺室，其制作过程凝聚了古蜀工匠的智慧与匠心。工匠们首先挑选一整根尺寸适宜、质地优良的楠木，截掉三分之一，然后在确保结构稳固性的前提下，将剩余的三分之二部分的中心部位巧妙挖空，并进行精细钊凿、打磨等。经过这些工序后，内部空间最终变得宽敞而规整，木材表面平整且光滑。

石犀

两千年前的镇水神兽

国宝名称： 石犀

所属年代： 战国晚期至汉

出 土 地： 四川省成都市天府广场东侧工地

这件石犀长3.31米，宽1.38米，高1.93米，重约8.5吨。

据《华阳国志·蜀志》记载："秦孝文王以李冰为蜀守……作石犀五头，以厌水精。"可推测此石犀与李冰治水有关，是为镇压水患而制作的"镇水神兽"。它不仅见证了古蜀国的水利发展，也体现了当时人们的文化信仰和祈求消灾祛难的心理，具有极高的考古和艺术研究价值。

侧面图

石犀由成都地区常见的红砂岩打造而成，其表面经由精细打磨，散发着古朴柔和的光泽，尽显匠心。

此石兽因形状似犀，故名“石犀”。其体形庞大，呈站立状，躯干丰满壮实，四肢粗短，整体风格粗犷古朴又憨态可掬。雕刻手法简约，线条简洁却不失细节，完美展现了早期圆雕石刻风格的质朴与大气。

石犀的雕刻线条虽简约，却在寥寥几笔间精准勾勒出耳朵、嘴巴、脚趾等细节。这些细节虽不繁复，却匠心独运，仿佛每一笔都经过深思熟虑，既展现了石犀的气势，又赋予了它灵动的生命力。

石犀的下颌两侧及躯干均雕刻有卷云纹，这些纹饰线条流畅、简约而富有动感，为石犀整体的厚重古拙风格注入了活力与生机。

石犀的臀部左侧有三个刻画符号，它们既不是金文、甲骨文，也不是同时期的古蜀图语，其具体含义至今仍然是待解的谜题。

经穴漆人

大有来头的『小医生』

国宝名称：经穴漆人
所属年代：汉
出 土 地：四川省成都市老官山汉墓

经穴漆人高14厘米，头宽2.6厘米，肩宽4.2厘米，是我国目前发现的最完整的人体经穴模型，生动展现了汉代中医经脉针灸的成就与医学水平。

作为中国古代医学文化的重要瑰宝，经穴漆人不仅是汉代中医高超水平的有力见证，更为现代中医研究提供了珍贵的实物参考。通过这件文物，我们可以更直观地理解古代中医的经脉理论，从而进一步推动中医文化的传承与发展。

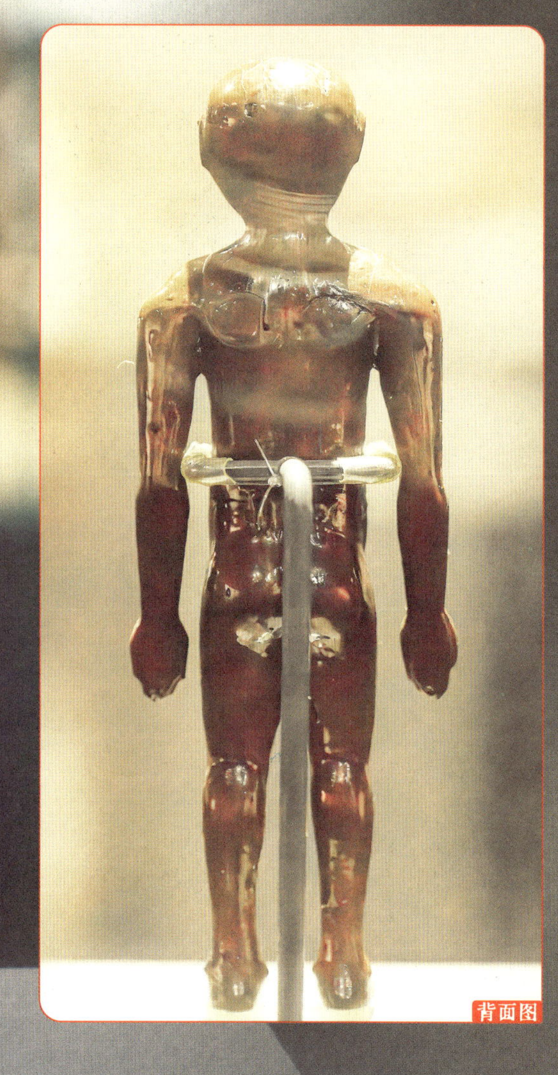
背面图

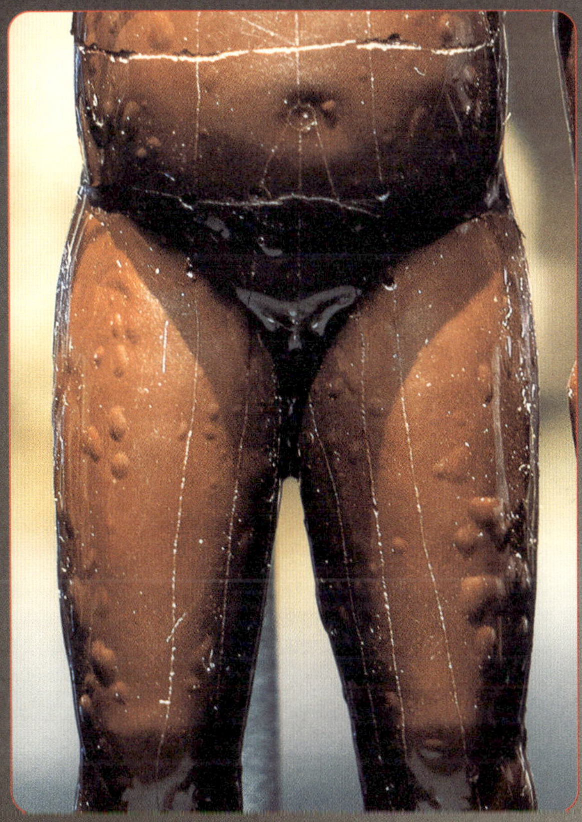

漆人身上刻绘着纵横交错的经脉线，其中红色 22 条，白色 29 条。这些经脉线的分布与和《灵枢 · 经脉》中记载的十二经脉非常相似。

这件经穴漆人全身髹黑漆，呈直立状，裸身光头，手臂垂于身体两侧，五指并拢，掌心朝前，双脚呈一字站立。眉、眼、鼻、口、耳等面部特征清晰，体形匀称。在身高仅14厘米的人像上，刻绘着复杂的经脉线、穴位点和标识部位的小字，展现了汉代经脉针灸的复杂理论体系及匠人的精湛技艺。

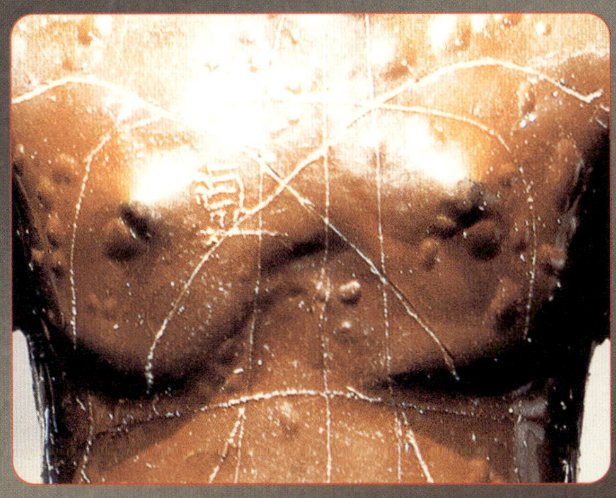

漆人身上还清晰地刻绘了117个穴位点，并在不同部位刻有“心”“肺”“胃”“肾”“盆”等小字，以此标识相应的人体部位。

小提示

在整理简牍的过程中，研究人员发现其中写有“敝昔”两字。经过考证，专家认为“敝昔”是“扁鹊”在西汉时期的写法。汉代时，山东地区有一个仓公学派，其医学传承自扁鹊。因此，《天回医简》很可能是仓公学派从山东带入四川的扁鹊医书。

与经穴漆人一同出土的，还有一批医学简牍。漆人与简牍中的经脉理论出自一派，内容可相互印证，揭示了我国在的汉代就已经形成了一套完整的经脉医学理论体系。这些医学简牍和作为其人体模型的经穴漆人的发现，不仅填补了中医史研究的空白，还为研究汉代中医和推动现代中医发展提供了极为珍贵的实物参考资料。

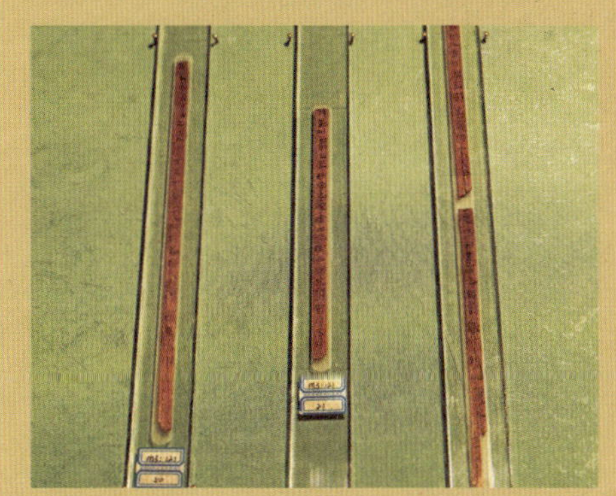

天回医简《脉书 · 上经》
（汉，成都博物馆）

东汉『谐星』说唱俑

陶俳优俑头戴巾帽，上身袒胸露乳，下身着长裤，赤足。这是当时俳优艺人的典型装扮，既彰显出他们的职业特征，又透露出一种随性洒脱的气质。

国宝名称：陶俳优俑
所属年代：汉
出 土 地：四川省成都市金堂李家梁子汉墓

这件陶俳优俑高60厘米，宽40厘米。俳优是古代以乐舞、谐戏为职业的艺人，俳优俑在四川地区东汉的墓葬中多有出土，这充分反映出说唱表演艺术在汉代蜀地十分流行，也折射出当时社会文化的繁荣。

陶俳优俑不仅是汉代雕塑艺术的杰作，从其极具感染力的笑容中，还能窥见汉代天府之国的富庶安宁和蜀地百姓的乐观向上。

陶俳优俑的面部表情刻画尤为生动，额头有深深的皱纹，双眉耸起，两眼微睁，舌头伸出，仰面大笑，展现了表演者的投入与激情。这种面带笑容的陶塑风格，具有很强的艺术感染力。

侧面图

陶俳优俑姿态夸张而充满动感。他坐于圆形坐垫上，双肩耸起；左手稳稳执鼓，右手紧握成拳，仿佛正要挥槌击鼓，动作生动逼真；左腿蜷曲，右则用力蹬踢而出，仿佛正要跃然而起，将观者带入一场生动的说唱表演之中。

这件陶俳优俑造型古拙雄浑，形象生动传神。其夸张的表情和诙谐的姿态令人忍俊不禁，似乎正在通过幽默的表演为观众带来欢乐。这是一件对汉代说唱表演进行真实刻画、具有浓郁地域特色的文物，同时也反映出当时社会的娱乐风尚。

小提示

与这件陶俳优俑在造型、动作和表情上极为相似的，还有一件同样出土于成都市的击鼓说唱俑。两者都以击鼓说唱为表现主题，成为研究汉代文化生活不可或缺的珍贵文物。

击鼓说唱俑（汉，中国国家博物馆）

镂空金香囊

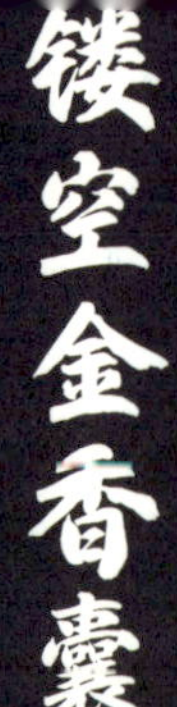

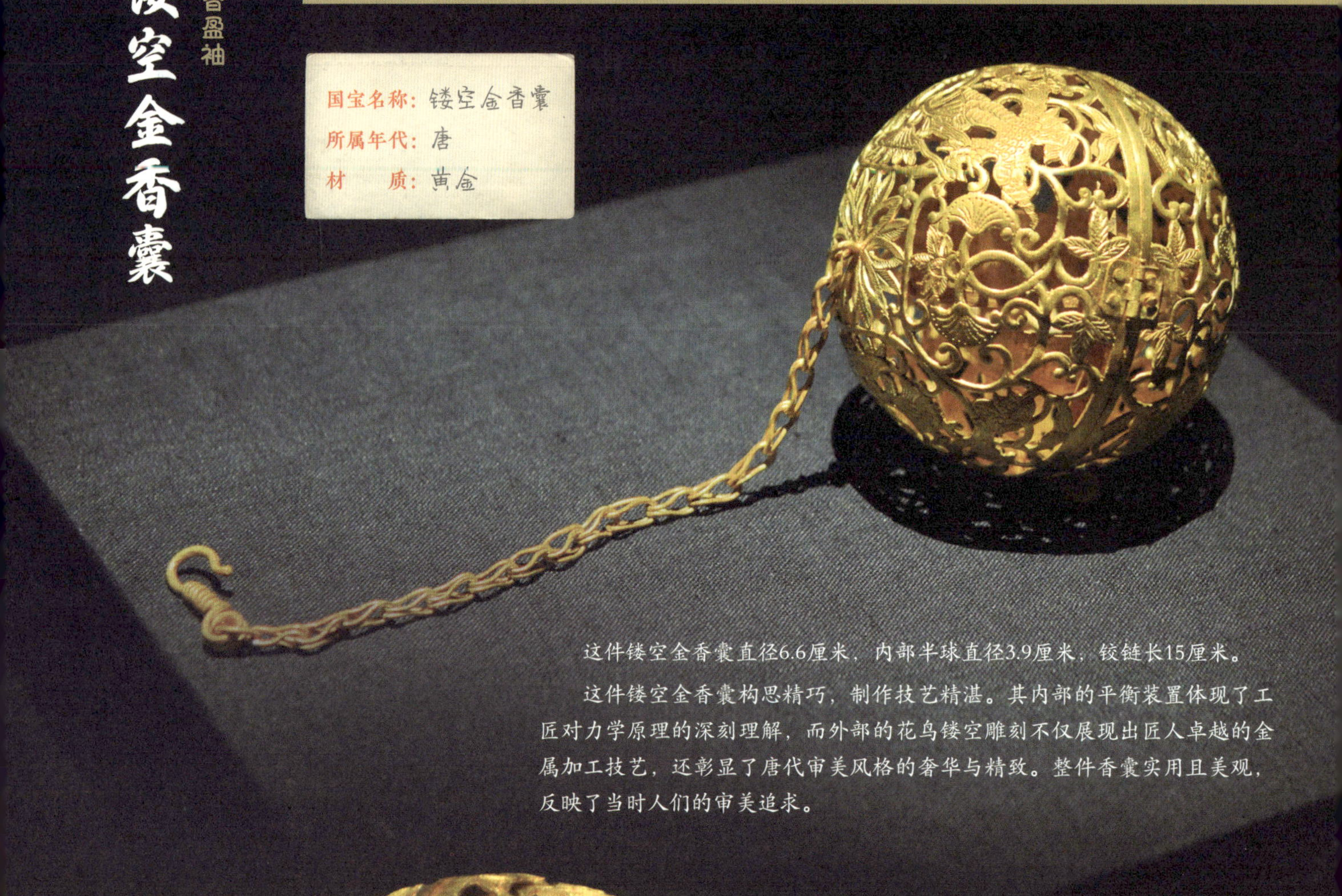
国宝名称：镂空金香囊
所属年代：唐
材　　质：黄金

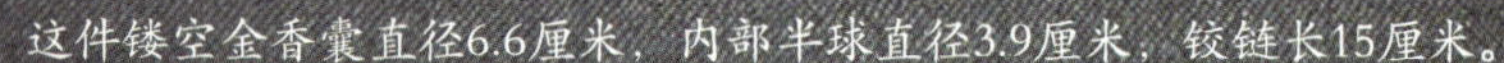

这件镂空金香囊直径6.6厘米，内部半球直径3.9厘米，铰链长15厘米。

这件镂空金香囊构思精巧，制作技艺精湛。其内部的平衡装置体现了工匠对力学原理的深刻理解，而外部的花鸟镂空雕刻不仅展现出匠人卓越的金属加工技艺，还彰显了唐代审美风格的奢华与精致。整件香囊实用且美观，反映了当时人们的审美追求。

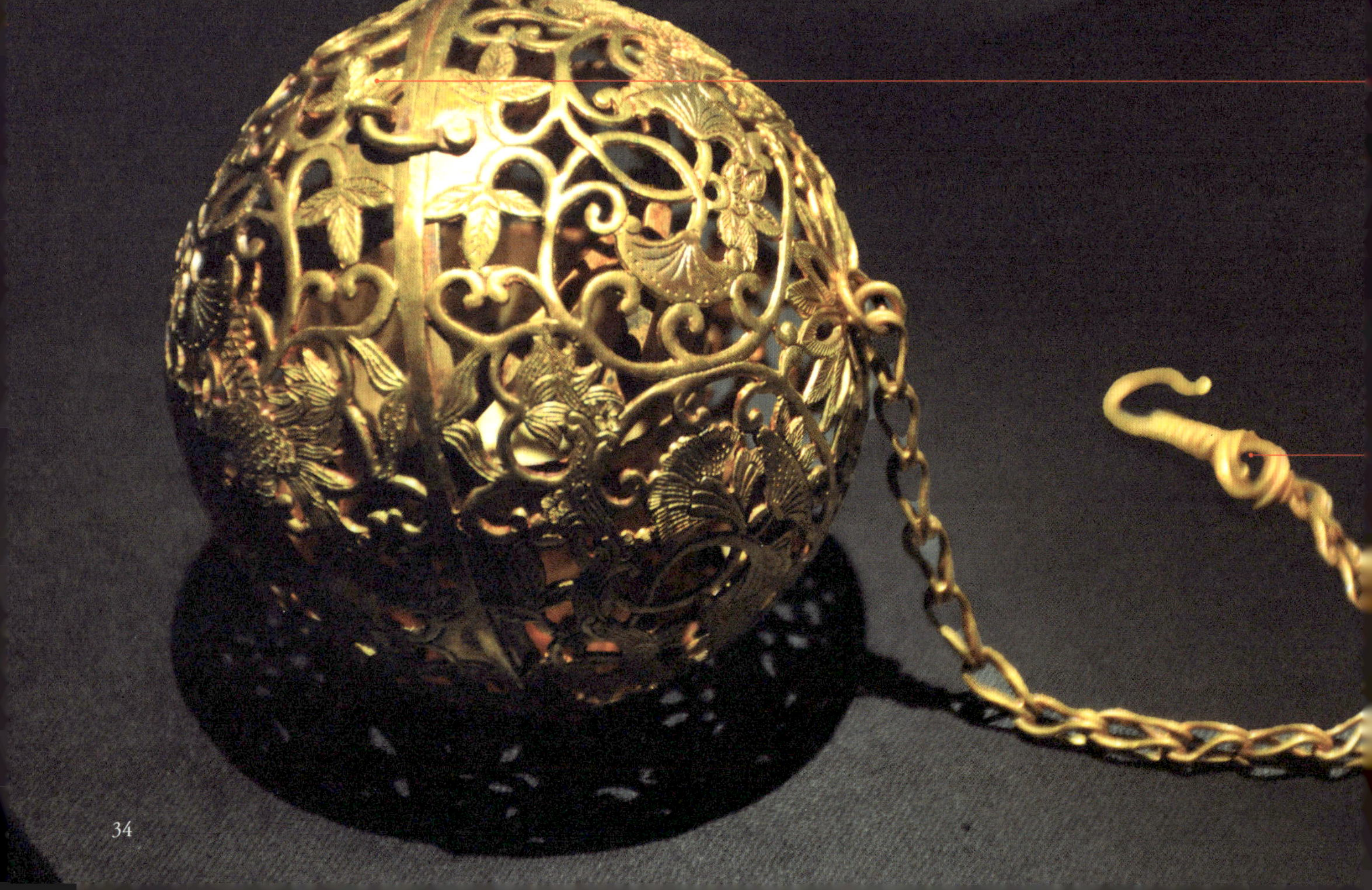

这件镂空金香囊玲珑精巧，由上下两个半球巧妙组合而成，通过铰链连接，整体呈浑圆的球形。其内部置有焚香盂，用于盛放香料；外壁通体镂空，雕琢出繁复而精美的花鸟纹饰，既彰显奢华之美，又便于香烟袅袅逸散。

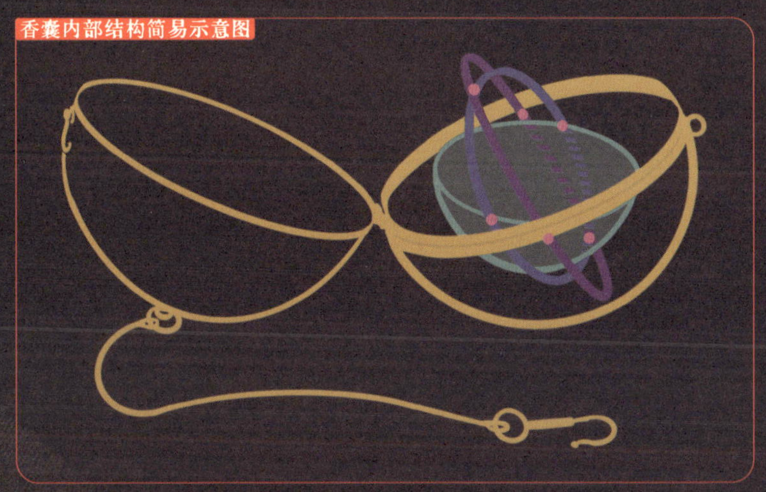

香囊内部精妙地置有两个同心圆平衡环与一个半球形焚香盂相连。外壁、平衡环与焚香盂之间以铆钉相接，各部件可自由活动。当香囊内盛放香料时，凭借重力与平衡环的巧妙作用，焚香盂始终能保持水平状态，即使香囊倾斜，香料也不会洒落。其原理与现代陀螺仪的万向支架相同，尽显古代工匠的智慧与匠心。

香囊的开合设计也匠心独运，球体的一侧采用严丝合缝的子母口巧妙套合，确保闭合紧密、香料不外漏，另一侧则通过灵活的铰链相连，使得香囊开合自如，香料取用极为便捷。

香囊上半球体顶部铆接有环钮，套接一条带钩的细长链条，使得香囊既可悬挂于室内或马车中，又能随身佩戴，体现出艺术性与实用性的结合，同时也折射出唐代人对精致生活的追求。

器物小知识

香囊的前世今生

香囊，是古人生活智慧与高雅情操的结晶。在漫长的岁月长河中，香囊从简朴实用的饰物，逐步演变为精美奢华的艺术品，承载着古人的巧思与匠心。

春秋战国：起源与发展

香囊的出现大致可以追溯到春秋战国时期，其前身是佩囊，最初用于盛放物品，后逐渐发展为装香料的佩饰。

汉：材质和工艺进步

汉代，香囊常以桑蚕丝为底，绣有精美纹饰，绣工精湛。

葡萄花鸟纹银香囊（唐，陕西历史博物馆）

玉镂空龙纹腰果式香包（清，台北故宫博物院）

唐：达到工艺巅峰

唐代，金银香囊尤为多见，设计精巧，采用锤揲、錾刻、镂空等工艺。例如，葡萄花鸟纹银香囊通体镂刻葡萄纹和花鸟纹，内部有复杂的平衡装置。

玉透花荷叶香囊（清，台北故宫博物院）

明清：材质更加丰富

明清时期，香囊成为情感交流的重要信物，材质丰富，玉石、象牙等材料被广泛使用。例如，玉镂空龙纹腰果式香包、玉透花荷叶香囊均采用玉石雕刻，造型精美，体现了明清时期香囊的高超工艺水平。

精妙玲珑的镂空香囊

古代镂空香囊的制作工艺堪称巧夺天工，无论是金银镂空的细腻雕琢、玉雕的温润雅致，还是金累丝的繁复精巧，无不彰显着古代工匠的非凡智慧与卓越技艺。每一件香囊都是一件艺术品，凝聚着古人对美的极致追求。

鎏金双蛾团花纹银香囊（唐，法门寺博物馆）

金银镂空工艺

金银镂空工艺是古代香囊制作中常见的装饰手法之一，通过在金银材质的表面雕刻出精美的镂空图案，使香囊既具有观赏性，又能方便香气散发。唐代的金银香囊是这一工艺的代表，法门寺地宫出土的鎏金双蛾团花纹银香囊，其镂空设计不仅美观，还具有很强的实用性。

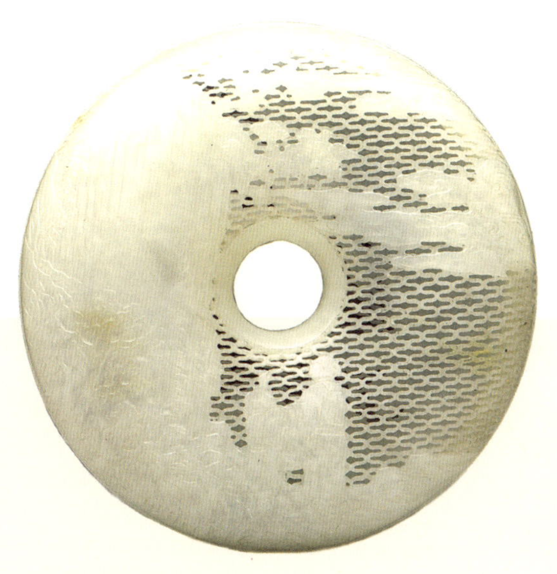

玉镂雕山水人物香囊（清，台北故宫博物院）

玉雕工艺

玉雕工艺在明清时期的香囊制作中得到了广泛应用，通常采用白玉、碧玉等优质玉石，雕刻出精美的图案，如山水人物、双鱼、石榴等。玉镂雕山水人物香囊上雕刻的山水风景和人物图案生动逼真，展现了文人的审美情趣。

镂空嵌宝金累丝石榴香囊（清，台北故宫博物院）

金累丝工艺

清代的金累丝工艺极为精湛，香囊常制成花果形状，有的表面还镶嵌珍珠、绿松石等宝石。例如，镂空嵌宝金累丝石榴香囊以极精细的金累丝工艺制作成一颗石榴状，石榴花底部镶嵌绿松石以作叶托。

馆藏文物

青铜器

陶器

瓷器

其他文物

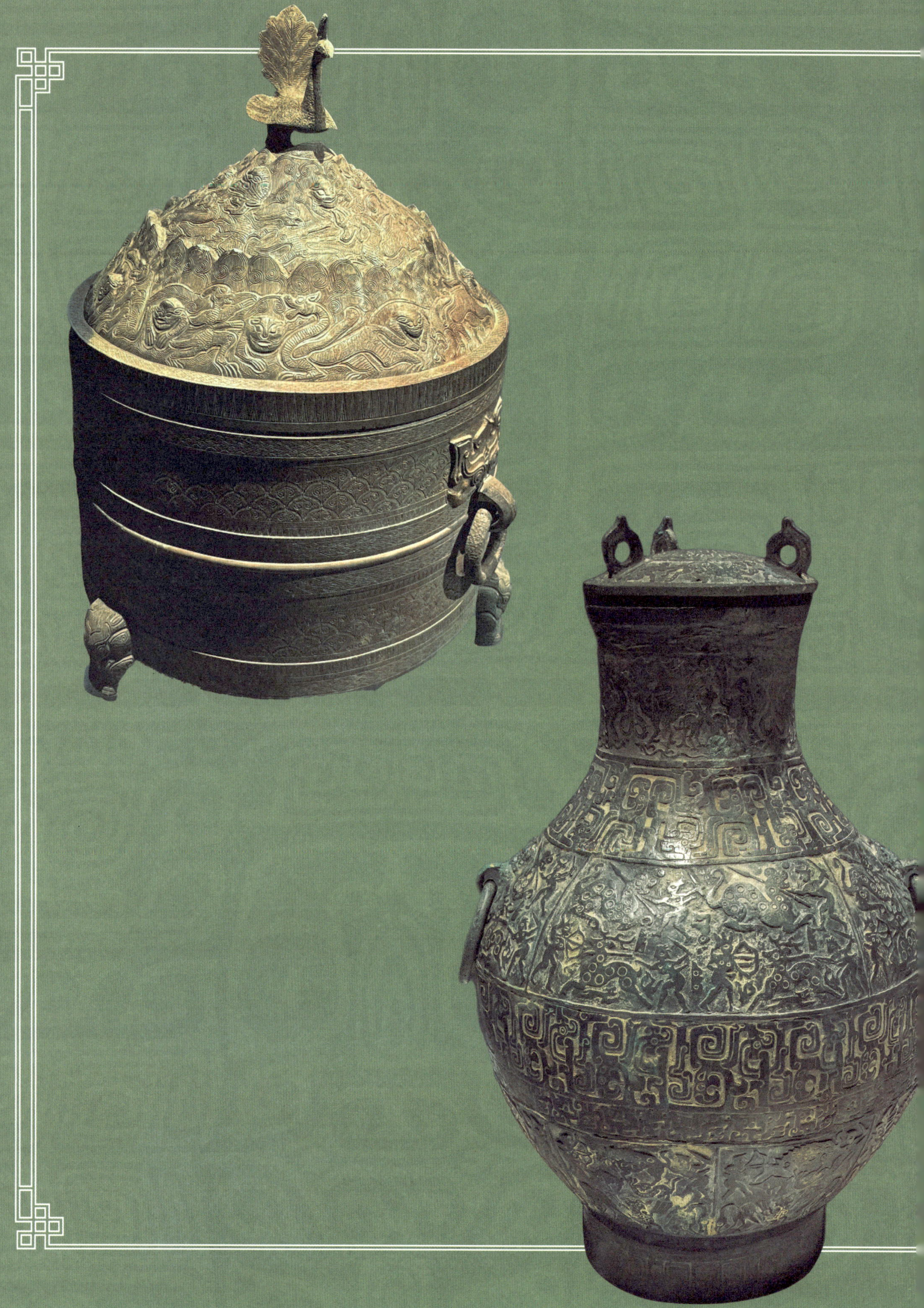

青铜器

BRONZE WARE

铜盏

铜盏的器盖顶部可作为抓手，由一圈通体镂空的蟠蛇纹组成，四周对称分布着镂空兽首形钮，盖缘设有小卡扣，且器身腹部两侧附有兽首形耳，便于开合和提携，体现了古人在器物制作过程中兼顾实用性与美观性。

国宝名称：铜盏
所属年代：春秋至战国
出 土 地：四川省成都市青白江区双元村船棺墓群

这件铜盏制作精美，堪称春秋战国时期青铜器中的珍宝。铜盏作为楚文化的典型礼器之一，一般被认为是食器。此类器物因出土时带有“盏盂”“盏”等文铭，结合其独特的器形特征，学界将其命名为“盏”。

这件铜盏不仅是一件精美的青铜器，更是古蜀文化与楚文化交融的见证，它的发现印证了古蜀文明在当时的开放性与包容性，同时也为研究古蜀地区与楚地之间的历史联系提供了重要的实物证据。

铜盏从器盖到器身，采用了透雕、浮雕等多种工艺，每一处细节都经过精心雕琢。尤其是器盖的镂空设计和器耳的兽首造型，展现了当时青铜器制作的高超技艺。器物通体施以繁复的纹饰，图案精致、层次分明，足见匠心之玲珑。

铜盏的盖顶中部，精心雕琢的涡纹如涟漪般回旋往复，充满动感；环绕涡纹周围的重环纹简洁而规整，展现出一种秩序之美；在最外侧，一道绹索纹如丝带般缠绕，与盖面上的三道绹索纹相互呼应，保证了纹饰的整体统一性。

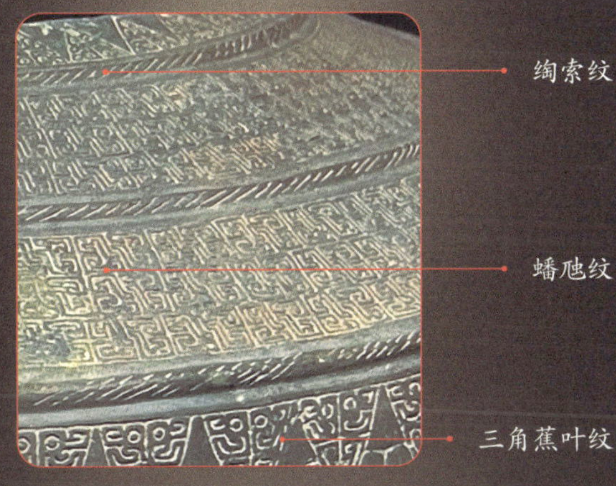

铜盏的盖面上，三道绹索纹宛如精心编织的绳索，呈现出一种规整而富有层次感的视觉效果。这三道绹索纹之间，巧妙地穿插着蟠虺纹，其线条婉转流畅，仿佛赋予了青铜器生命的律动；而在第一和第三道绹索纹的内外两侧，还装饰着三角蕉叶纹，其排列整齐有序，线条简洁而富有韵律感。

在器身的颈部和腹部，同样饰有绹索纹、蟠虺纹和三角蕉叶纹。除此之外，在颈部的蟠虺纹下方还有三角纹，仿佛是云雾缭绕的山峦，为器物增添了几分灵动与深邃。

足部的蟠蛇纹线条蜿蜒，如同灵蛇盘旋，为整个铜盏注入了神秘而鲜活的生命力。

虎钮铜錞于

千军万马闻其声而动

虎形钮

椭圆形承盘

肩部凸出

椭圆柱形器身，中空

这件虎钮铜錞于是从四川省眉山市彭山县古佛村征集而来。錞于为军中打击乐器，多与战鼓配合使用，用于在战争中指挥进退，是具有古蜀文化特征的青铜乐器。

这件虎钮铜錞于保存完好，顶部的钮被铸造成虎形，虎在古代象征着勇猛与杀伐。此铜錞于不仅是研究古代军队指挥系统的重要文物，还体现了古蜀人民对虎的崇拜，映射出他们勇猛善战的性格特征。

国宝名称：虎钮铜錞于
所属年代：战国
材　　质：青铜

铜镎于上部的虎钮栩栩如生，尽显老虎的勇猛威严之态。猛虎昂首阔步，尾巴末端轻巧卷曲，虎口大张，仿佛正蓄势待发。虎腹下方留有空间，便于提起或悬挂这件青铜乐器。

这件虎钮铜镎于由虎形钮、承盘和器身三部分构成。其中，镎于的器身呈椭圆柱形，上部较宽，中下部逐渐收窄，整体中空且壁薄。承盘上承虎钮，下连隆肩，使得整件器物外观协调且富有变化。

《荀子》中记载："闻鼓声而进，闻金声而退。"金声，就是类似镎于这类金属乐器发出的声音。在古代战场上，战马嘶鸣，刀剑碰撞，将军一声令下，鼓声与金声交织响起，千军万马便依循这声音的指令，或冲锋陷阵，或有序撤退，秩序井然。

猛虎身上雕琢着云雷纹，线条简约而古朴，宛如流动的云彩，与老虎昂扬的动态姿态相互呼应，仿佛为猛虎披上了一身神秘的战袍，使其威严与灵动并存。

小提示

镎于的敲击方式简单，敲击肩部发出的声响如雷，清脆且持续时间久。镎于可用于征战、祭祀和宴飨场合。在祭祀仪式中，镎于和铜鼓被悬空横挂在架起的木杠上，演奏者双手执鼓槌，进行击打。

狩猎纹铜壶

铜壶上的逐鹿史诗

国宝名称：狩猎纹铜壶

所属年代：战国

出 土 地：四川省成都市青羊小区

铜壶腹部椭圆，壶口微微外侈，颈部修长挺拔，底部则以矮圈足收束。肩部两侧对称装饰着一对铺首衔环，既增添了器物的实用性，又为整体造型注入了灵动之美。

这件狩猎纹铜壶高41.4厘米，腹径26厘米，整体造型端庄大气，器身纹饰华丽细腻，是战国时期青铜器艺术的典范。

狩猎在古代社会生活中具有多种意义，有服务于祭祀、经济、政治、军事和娱乐等诸多方面的目的。这件狩猎纹铜壶反映了当时的社会生活状况，展现了战国时期社会的尚武精神与文化风貌。

这件狩猎纹铜壶从壶口至圈足被划分为七段，每一段都装饰有独特的图案和纹饰，布局清晰、层次分明。铜壶的主题图案包括狩猎图、三足鸟向日图和羽人仙鹤图，在三组图案之间，还穿插有几何菱形纹、蟠螭纹和云雷纹等辅助纹饰，这些纹饰不仅起到了分隔和过渡的作用，还进一步丰富了器物的装饰效果，使其整体视觉效果更加华丽而和谐。

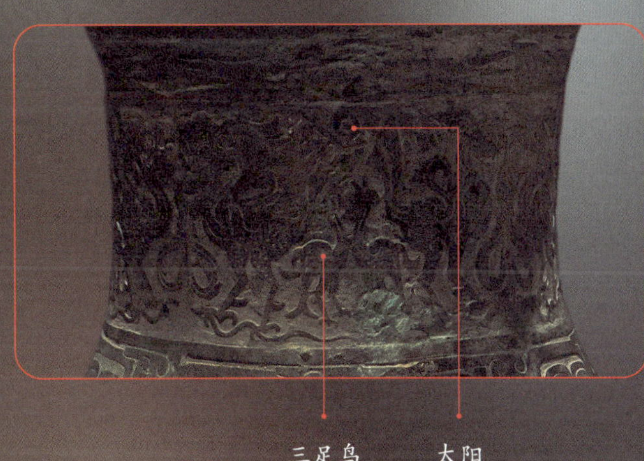

三足鸟　太阳

颈部的三足鸟向日图极具神秘色彩。画面中，三足鸟引颈长鸣，向着光芒万丈的太阳展翅欲飞。在中国古代神话中，三足鸟又名“金乌”，是太阳的象征。这一图案可能表现了古人对太阳的崇拜，或许与当时的宗教仪式或神话传说有关。

猎狗

狩猎图在铜壶上最为醒目，以细腻的笔触勾勒出气势磅礴的狩猎场面。图中，猎手们或张弓搭箭，或挥刀刺向猎物，或驱使猎犬追逐奔鹿，观者仿佛能听到箭矢破空的尖啸和猎物垂死的哀鸣。通过这幅狩猎图，我们可以窥见战国时期贵族生活的一角，感受到那个时代对于勇武和力量的崇尚。

羽人　仙鹤

羽人仙鹤图为整个铜壶增添了几分神秘与超凡的色彩。仙鹤在中国古代文化中象征着长寿，而羽人则象征着古人对超凡脱俗的向往与追求。这幅图案反映了战国时期人们对超自然力量的崇拜以及对永恒生命的追求。

铜樽

汉代贵族的宴饮神器

这件铜樽是西汉晚期至东汉早期的杰出作品。樽是古代的一种盛酒器，广泛用于日常生活和宴饮场合，在汉代较为常见。

此铜樽分为樽盖和樽身两部分，整体造型华丽庄重，工艺精湛，反映了汉代铜器制作的高度成就。它不仅是实用的酒器，还具有重要的装饰功能，是汉代青铜文化的重要代表。

樽盖仿博山炉设计，高高耸起，顶部收束成尖，整体造型宛如一座雄浑的山峰。

樽身为圆柱形，直口、直腹、圜底，稳重而大气。

腹部中央饰有一对对称的衔环铺首耳，既增强了器物的实用性，又提升了整体的装饰效果。

底部有三只蹲兽状足，为铜樽提供了坚实的支撑，仿佛三只神兽，守护着铜樽。

国宝名称：铜樽
所属年代：汉
出土地：四川省成都市大湾汉墓

这件铜樽集铸造、浮雕与錾刻等多种工艺于一身。其纹饰图案独特而富有深意——或许与当时盛行的神仙思想、长生不老观念等紧密相连，精美纹饰被凝固在青铜器物之上，跨越时空向我们诉说着那个时代的信仰。

盖面上，用浮雕工艺勾勒出神山、神兽的图案，线条流畅而富有韵律，神山巍峨，神兽灵动，展现出一个神秘而奇幻的神话世界。

腹部以回纹为界，上下各饰有羽状锦纹。这些纹饰宛如轻盈的羽毛，层层叠叠，环绕樽身，为这件铜樽增添了几分空灵与高雅的韵味。

在汉代先民的心中，蓬莱、博山、瀛洲等传说中的仙山是仙人栖居之所，代表着长生不老与超脱尘世的理想境界。这种对仙山的向往与崇拜，深刻地影响了汉代的艺术与设计。例如，这件西汉错金博山炉山峦起伏的造型，搭配灵兽的神秘元素，正是对仙山崇拜的生动体现，反映了当时贵族阶层对长生的强烈追求。

错金博山炉
（汉，河北博物院）

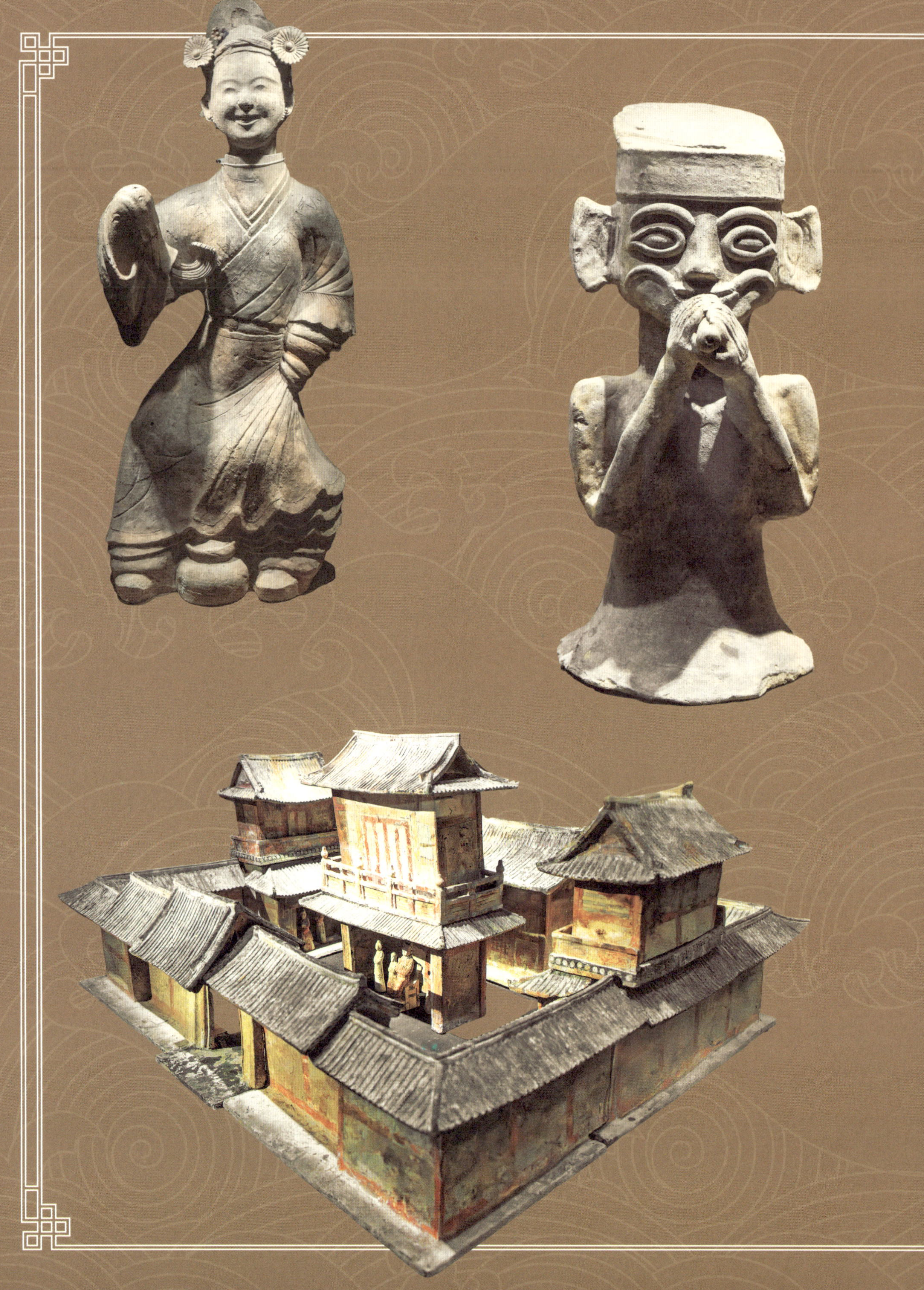

陶器

POTTERY

陶立舞俑

两千年前的簪花女

陶俑梳着精致的扇形发髻，三朵簪花点缀其间，灵动而娇艳。耳垂处的耳珰为陶俑增添了几分韵致。面庞之上，一抹浅笑浮现，若明媚暖阳，映照出当时人们追求美好、乐观豁达的生活态度。

国宝名称：陶立舞俑

所属年代：汉

出 土 地：四川省成都市六一一所汉墓

这尊陶立舞俑整体造型栩栩如生，线条流畅自然，既展现了汉代制陶技艺的高超，又体现了当时舞蹈艺术的繁荣。其优雅的姿态和盈盈的笑意，不仅赋予了作品鲜活的生命力，更淋漓尽致地展现了汉代舞蹈的典雅与灵动。透过这件陶俑，我们仿佛可以穿越千年，一窥汉代乐舞的繁华盛景，深切感受那份跨越时空的艺术魅力。

陶俑身着褶领长袍，腰间束着一条腰带，勾勒出曼妙的身姿。左手轻轻提裙，动作轻盈优雅，右手高高上扬，手中紧握的长巾随风轻扬，仿佛被赋予了生命，在空中舞动出一道优美的弧线。

这尊陶立舞俑头梳扇形发髻，髻上簪花，身着褶领长袍，左手提裙，右手执长巾，舞姿轻盈，面带微笑，神情欢愉恬然，展现出一种欢快感，仿佛随时会舞动起来。

踏鼓舞是一种以舞者脚踏鼓点为核心，结合手部动作与身体旋转等，并常配合丝竹乐器的演奏来进行的舞蹈，具有刚柔并济、富有韵律的特色。

陶俑身着的长袍轻柔地垂落至脚边，层层叠叠，仿若岁月沉淀的涟漪。在她的双脚之间，安置有一件鼓状物，结合此物的造型和人物翩然的舞蹈姿势，推测其所演绎的可能是在汉代流行的踏鼓舞。

侧面图

成汉陶俑

酷似外星人的陶俑

这组成汉陶俑是十六国成汉时期的珍贵文物，展现了典型的成汉地区风格。成汉政权由賨人首领李特、李雄建立，是秦汉以来少数民族以成都为中心建立的第一个割据政权。正因如此，这些陶俑造型独特，融合了浓郁的民族特色与地域文化特征。

成汉陶俑最具特色的便是其独特的面部特征，通常为高鼻大耳、凸目阔口、宽眉大眼。这种独特的造型可能是对賨人外貌特征的夸张表现，也可能与当时的宗教信仰有关。

国宝名称：成汉陶俑

所属年代：十六国

出 土 地：四川省成都市浆洗街桓侯巷成汉墓

成汉陶俑造型独特，通常头戴帽子，双手持有物品，有的手持乐器，有的则手持生活器具，姿态丰富多样，生动地展现了当时丰富多彩的生活场景。

这件吹哨俑是成汉陶俑的代表之作，其为半身塑像，整体造型夸张，比例失衡，头部较大而身躯较小。

此陶俑头戴一顶棱角分明的方形帽子，面庞上部方正，下颌处逐渐收窄，勾勒出尖下巴。橄榄形的大眼睛凸出于面部，显得夸张又神秘，高挺的鼻梁与宽大的嘴巴相得益彰，嘴唇上方蓄着粗长的胡须。面庞两侧的招风大耳格外引人注目，为整个面容增添了几分独特的张力和魅力。

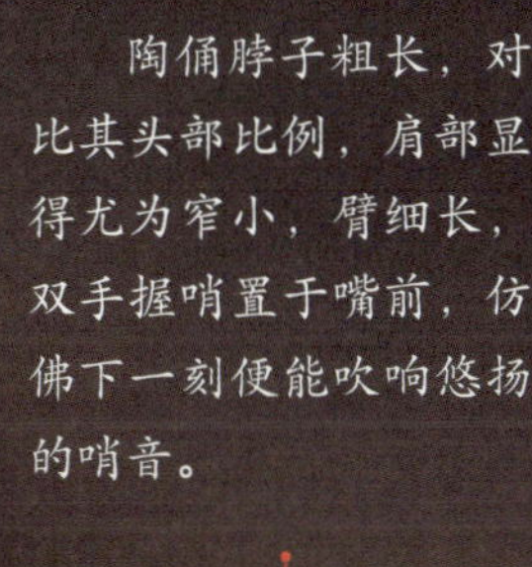

陶俑脖子粗长，对比其头部比例，肩部显得尤为窄小，臂细长，双手握哨置于嘴前，仿佛下一刻便能吹响悠扬的哨音。

彩绘陶花冠舞俑

促叠蛮鼍引柘枝

国宝名称：	彩绘陶花冠舞俑
所属年代：	五代
出 土 地：	四川省成都市龙泉驿区赵廷隐墓

这尊彩绘陶花冠舞俑是五代后蜀的开国功臣赵廷隐的墓中出土的伎乐俑组合中的一件。该伎乐俑组合是目前西南地区发现的最为精美的陶质伎乐俑，堪称五代时期最珍贵的历史文物之一。

这尊彩绘陶花冠舞俑造型精致典雅，表情栩栩如生，舞姿婀娜多姿，充分展现了工匠对人物神态和动态的精准把握。它不仅是五代后蜀时期乐舞文化的珍贵见证，同时也印证了当时成都地区宴乐之风的盛行。

舞俑面容丰腴圆润，身材匀称修长，上身微微前躬，头向右微侧，双手高高扬起，右足稳稳直立，左足微微翘起。其舞步轻盈，身姿翩跹，仿佛将观者带入了充满诗意与欢乐的古代宴乐场景之中。

舞俑头戴一顶鸡冠状帽，帽型精巧独特，两侧帽檐向上翻折，红色丝带从两侧垂下，轻柔地搭在胸前，为整体造型增添了几分灵动与雅致。

这尊彩绘陶花冠舞俑头戴红色描金鸡冠状帽，身着红色窄长袖衣，面带微笑，神情欢愉恬然，舞姿轻盈，周身散发着灵动飘逸之韵，将舞蹈的韵律之美展现得淋漓尽致。

舞俑服饰颜色鲜艳，以红、黄、白等为主色调，线条流畅自然，上身内着两层黄色右衽交领衬衣，外侧为短袖袍，最外侧穿红色大翻领右衽窄长袖长袍。长袖随着双手飘逸舞动，灵动曼妙。

舞俑下身穿着外白内红的双层大口裤，裤腿垂于脚面，足蹬一双黄底红面的尖头鞋，依稀可见其描金装饰，展现出五代时期服饰的华丽与精致。

小提示

这尊彩绘陶花冠舞俑所着服饰与“促叠蛮鼍引柘枝，卷帘虚帽带交垂。紫罗衫宛蹲身处，红锦靴柔踏节时”中的柘枝舞伎所着服饰十分相似，推测表现的是柘枝舞曲终时的情景。晚唐五代时期，柘枝舞在南方地区广泛流行，舞者由男性逐渐变为女性。这一时期的柘枝舞既继承了男性的刚健有力，又融入了女性的妩媚柔软，展现出独特的艺术魅力。

彩绘陶琵琶俑

五代『豪华乐队』中的琵琶手

琵琶俑身着内白外红的双层褙子，内搭白色襦裙，下着白色双层大口裤，脚蹬白色尖头鞋，整体服饰风格大方典雅。

国宝名称：彩绘陶琵琶俑

所属年代：五代

出 土 地：四川省成都市龙泉驿区赵廷隐墓

彩绘陶琵琶俑也是赵廷隐墓中出土的伎乐俑之一。这尊彩绘陶琵琶俑外表彩绘鲜艳，整体造型生动传神。陶俑怀抱琵琶，作拨动琴弦状。琵琶演奏技巧在唐代达到高峰，成为当时音乐表演中的重要乐器。这件彩绘陶琵琶俑不仅记录了当时琵琶的造型特征和演奏方式，还反映了五代时期音乐文化的繁荣。

这尊彩绘陶琵琶俑头发高高盘起，低头含笑，神情专注。女俑怀抱琵琶，右手拿拨片，左手握琴颈，姿态优雅自然，宁静而投入。

女俑梳着高高的发髻，发间插有花钿，脸颊圆润丰腴，眉目清秀，面带微笑，展现出一种从容而优雅的气质。她的头部微微偏向左侧，仿佛正陶醉于悠扬的乐曲声中。

女俑怀中横抱琵琶，左手轻扶柱身按弦，右手握拨片轻弹，姿态生动逼真，仿佛将千年前的演奏情景重现于眼前。从琵琶的形制和演奏方式来看，它更接近于西域传入的梨形曲项琵琶，这体现了当时音乐文化的中西交融，彰显出五代时期多元文化的融合与共生。

小提示

琵琶多以横抱的方式进行弹奏，然而到了中唐时期，为了适应演奏技法的改进，琵琶乐者的抱琴角度开始逐渐向上倾斜。到了明代，琵琶的演奏方式发生了重大变革，从拨片弹奏转变为直接用手弹奏，这种变化不仅提高了演奏的灵活性，还丰富了琵琶的表现力，使其音色更加细腻和多样。无论是抱琴姿势的转变，还是弹奏方式的变革，都可以从古画中窥见端倪。

《宫乐图》（局部）
（唐，台北故宫博物院）

《陶穀赠词图》（局部）
（明，台北故宫博物院）

器物小知识

伎乐俑的十八般“曲”艺

在赵廷隐墓中出土的伎乐俑组合中，除了花冠舞俑和琵琶俑之外，还有吹笙俑、吹笛俑、吹筚篥俑、击正鼓俑……这些陶俑共同组成了一支完整的宫廷乐队。

彩绘陶吹笙俑

吹笙俑面带微笑，双手捧笙，凑于嘴边，似欲吹笙。笙是一种古老的簧管乐器，声音清透，常用于伴奏或独奏。

彩绘陶吹笛俑

吹笛俑双手于胸前作持笛状，面朝左上方，微带笑意，仿佛已沉醉于悠扬的乐声之中。笛子在古代乐器中占据重要地位，其音色清脆悦耳，常用于表达欢快或悠扬的情感。

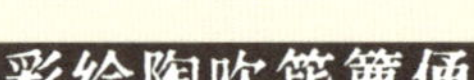

彩绘陶吹筚篥俑

吹筚篥俑头戴发簪，脸颊丰腴，双手交叉于胸前，作吹奏状。筚篥是一种源自西域的乐器，声音嘹亮，具有独特的民族特色，反映了当时中西方文化的深度交流。

彩绘陶击正鼓俑

击正鼓俑左臂屈肘抬起，手指并拢上扬，右臂自然垂下，右手作半握拳持鼓槌状，似欲击鼓。鼓在古代音乐中是重要的节奏乐器，常用于祭祀、宴乐等场合，象征着权威与尊贵。

仪态万千的唐三彩乐舞俑

乐俑、舞俑的产生与古代丧葬文化密切相关，旨在为墓主人营造死后世界的享乐生活。随着唐代音乐舞蹈艺术的繁荣，乐舞俑成为墓葬中的重要陪葬品，唐三彩乐舞俑便是这一背景下的典型代表。

三彩载乐骆驼俑
（唐，陕西历史博物馆）

三彩载乐骆驼俑

骆驼昂首挺立，似引颈长鸣。驼背上的驮架之上铺有色彩斑斓的毛毯，八名表演者坐于其上，姿态各异。七名男乐手手持胡人乐器，面朝外盘腿而坐，中间一名站立的女子正在歌唱。这件三彩载乐骆驼俑生动地展现了一个以驼代步、一路歌唱的巡回乐团，体现了中原与西域在艺术领域的交流与融合。

三彩乐舞俑

这组三彩乐舞俑共有八件女俑，分为乐伎和舞伎两个部分。乐伎四人席地而坐，手持箜篌、琵琶、笙、排箫进行伴奏；舞伎四人头戴精美冠饰，身着艳丽长裙，翩翩起舞。整组乐舞俑生动地展现了唐代宫廷乐舞的盛景。

三彩乐舞俑（唐，陕西唐三彩艺术博物馆）

陶庭院

还原家的模样

这座陶庭院长146厘米，宽112.5厘米，高45厘米，整体保存完好，布局严谨。这座陶庭院应该是按照墓主人——后蜀贵族赵廷隐生前住所仿制的，直观再现了五代贵族的生活场景。

陶庭院整体呈围廊式布局，由大门、左右楼阁及后房围合而成。庭院中心有一座主楼，造型规整，色彩鲜艳，建筑细节刻画丰富，充分展现了五代时期陶艺匠人的高超技艺。

墓主人像位于庭院主楼正中，身着一袭红色官服，庄重而华贵。他稳坐于椅上，姿态从容自若，仿佛在诉说着生前的显赫与尊贵。

侧面图

国宝名称：陶庭院

所属年代：五代

出 土 地：四川省成都市龙泉驿区赵廷隐墓

这座陶庭院的建筑结构完整而精致，院内细节刻画细腻入微。庭院中不仅置有1件墓主人像及15件男女立俑，还有陶井、陶灶、陶马等，仿佛将后蜀贵族的生活场景凝固在了这方寸陶庭院之中。

此庭院中有15件男女立俑，或立于庭院大门前，或守在墓主人身侧，或候于回廊之中……造型均栩栩如生，身着彩绘服饰，部分细节描金，尽显后蜀贵族生活的奢华与精致。

庭院之中，陶灶、陶井、陶马等错落分布，足见陶庭院对真实庭院还原的细致与用心。这些家畜和生活设施勾勒出一幅古代生活图景，让人仿佛窥见千年前的烟火气息与日常点滴。

正面图

彩釉陶侍从俑

有肚腩的抬轿侍从

陶俑头戴一顶圆顶笠帽，圆脸大耳，五官刻画得细腻入微，面带微笑，表情祥和自然，仿佛在诉说着那个时代的富足与安详。

国宝名称：彩釉陶侍从俑

所属年代：明

出 土 地：四川省成都市五里墩

这尊陶俑是彩釉陶侍从俑中的一件，出自琉璃厂窑，长15厘米，宽约10厘米，高约35厘米。

这尊彩釉陶侍从俑体态丰腴，表情生动，衣着刻画细腻，体现出明代服饰的风格和审美特点。其精湛的制作工艺与娴熟的色彩运用，展现了明代琉璃厂窑卓越的烧制技术。

陶俑上身着右衽窄袖长袍，袍身施以天蓝色彩釉，与脚下的蓝釉台座相互呼应，形成鲜明和谐的视觉效果。

国宝放大镜

这尊陶俑面部圆润，腹部隆起，略显丰腴，神情平和舒展，姿态生动逼真，整体散发出富态与和蔼的气息，展现出一种悠然自得、丰衣足食的生活状态。

陶俑的头部、手足未施釉，巧妙地借助陶土的质朴本色作为自然肤色。

陶俑双手举于肩上，呈半握状，推测其在整个侍从队列中扮演的是抬轿侍从的角色，在一定程度上体现出明代贵族生活的奢华排场。

瓷器

PORCELAIN

邛窑黄绿釉高足瓷炉

身着釉彩华服的飞天莲花

这件邛窑黄绿釉高足瓷炉口径14厘米，高15厘米，整体精致美观，兼具艺术价值与实用价值，是邛窑瓷器中的精品。

邛窑普遍使用釉下彩绘、模印成型、捏制瓷塑等工艺。这些成型和装饰工艺使邛窑器物形成了别具特色的形态。这件瓷炉形似盛放的莲花，莲瓣错落有致，施以绿釉，釉色深浅分明，显得格外生动。整体造型既体现了邛窑高超的制瓷工艺，又展现了佛教文化的艺术风格。

国宝名称：邛窑黄绿釉高足瓷炉

所属年代：晚唐至五代

出 土 地：四川省成都市金河路遗址

这件邛窑黄绿釉高足瓷炉造型似莲花，炉身通体贴塑三重卷曲莲瓣，给人一种富丽堂皇的感觉。每层花瓣上模印手持菩提枝的飞天，这些飞天的形象生动活泼，给瓷炉增添了几分神秘色彩。

第一层莲瓣

第二层莲瓣

第三层莲瓣

卷曲莲瓣

细腰高足

黄釉 　深绿积釉 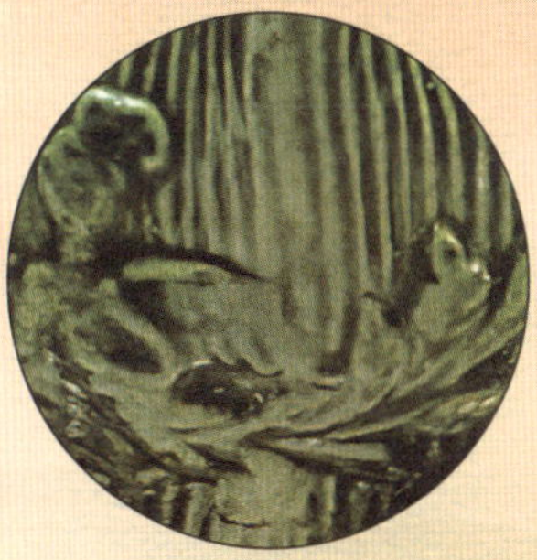　绿釉 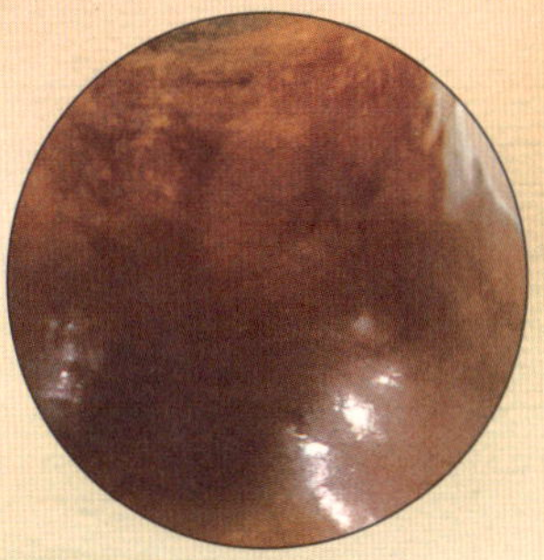　棕黄釉

炉内壁施黄釉，外壁施绿釉，足部釉色为棕黄色，炉身莲瓣尖处有积釉，使绿釉釉色深浅有致，变幻分明，增添了灵动雅致之感。黄、绿、棕三种釉色同聚一器，烧造难度极大，此炉三色鲜明，十分难得。

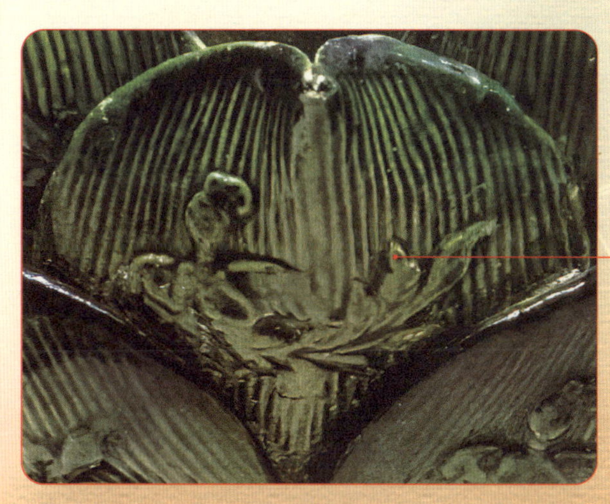

菩提枝

瓷炉中手持菩提枝的飞天似在莲瓣中飞舞，非常别致。

定窑白瓷孩儿枕

夏夜清凉入梦枕

国宝名称：定窑白瓷孩儿枕
所属年代：宋
材　　质：瓷

这件定窑白瓷孩儿枕，枕面长25.5厘米，宽15.5厘米，底部长18.6厘米，宽10.6厘米，枕高12.8厘米。

瓷枕是我国古代的寝具，孩儿枕是瓷枕中极具特色的一种样式，以定窑和景德镇窑烧制的最为精美。这件定窑白瓷孩儿枕展现了定窑工匠对生活场景的精准捕捉与高超的艺术表现能力。

枕面下方塑造了一个侧卧的男孩，其姿态惬意而自然。他身着肚兜和及踝长裤，衣服上有精致小花点缀其间，左臂弯曲在头下，右臂轻轻搭在胸前，左腿蜷曲，右腿自然伸展，显得格外安逸闲适。

这本就是一件供人安寝的瓷枕，而枕下的男孩又以自己的左臂为枕，这一设计构思巧妙，意趣无穷。

这件定窑白瓷孩儿枕的瓷胎细腻如脂，光滑而温润，釉色于洁白之中透出淡淡的暖意。枕面下的孩童栩栩如生，仿佛正沉浸在一场甜美的梦中。整个瓷枕散发着柔和而温馨的美感，宛如一件从时光深处走来的艺术品，诉说着宋代工匠的匠心与温情。

睡卧的男孩背部之上承托着平整的枕面，这样巧妙的设计就像是枕下的男孩特意为休憩之人准备的舒适一隅，让其与自己一同酣睡，既实用又充满巧思。

男孩脸庞圆润，天庭饱满，两颊丰腴，尽显稚嫩。他表情自然安定，眉眼间似有笑意，仿佛正沉浸在一场美梦之中。其眉间缀一圆点，应为朱砂痣，在传统文化里，它承载着长辈对孩子健康成长、学业有成的美好祝福与关怀。

小提示

孩儿枕不仅具备夏季使用时清凉沁肤、爽身怡神的实用功效，还承载着吉祥如意、求子祈福的文化寓意，所以深受古人喜爱。台北故宫博物院也藏有一件定窑白瓷孩儿枕，其造型生动，刻画了一孩童俯卧于榻上，两臂交叉环抱，神态悠闲自得。枕面以孩儿背为形，背心刻有缠枝牡丹纹，寓意富贵吉祥。瓷枕底部还刻有一首乾隆的御制诗。

定窑白瓷孩儿枕
（北宋，台北故宫博物院）

器物小知识

洁白高雅的定窑白瓷

定窑是中国古代著名的窑系之一，以烧制白瓷闻名，其历史可追溯至唐代，至宋代达到鼎盛。定窑瓷瓷质精良、色泽淡雅，纹饰通常简约秀美。

胎质与釉色

定窑白瓷的胎质薄而轻，胎色白中略带黄，质地坚硬。这种独特的胎质不仅赋予了定窑白瓷轻盈的质感，还使其在视觉上呈现出一种温润如玉的美感。

定窑白瓷划花芍药纹盘（宋，台北故宫博物院）

定窑白瓷莲瓣碗（宋，台北故宫博物院）

常见器型

定窑白瓷的器型丰富多样，包括盘、碗、罐、壶、杯、枕等。北宋时期，宋代定窑白瓷的器型更加轻巧规整。

装饰技法

定窑白瓷以丰富的纹饰和精湛的装饰技法闻名，主要包括刻花、划花、印花和剔花。北宋中期以后，印花技法逐渐成熟，成为定窑的一大特色。常见纹饰有牡丹纹、芍药纹等，布局严谨，层次分明，线条清晰。

工艺特点

定窑白瓷的制作工艺在北宋中后期取得重大进步，开创了支圈组合式覆烧法，此烧法会使器物的口沿一圈无釉，这种口沿被称为“芒口”。为装饰芒口，常在口沿处镶金、银、铜质边圈。

定窑白瓷划花铺首龙耳方壶（宋至金，台北故宫博物院）

定窑白瓷划花莲纹长颈瓶（宋，台北故宫博物院）

不同材质的枕头

拓展话题

古代不同材质的枕头各具独特魅力，如清凉解暑的瓷枕、华美典雅的漆枕和温润凝脂的玉枕等，它们不仅满足了古人对睡眠的需求，还反映了当时的社会文化与审美观念。

清凉解暑的瓷枕

瓷枕表面光滑、易于清洁，制作工艺多样，装饰手法丰富，常绘有山水、人物、诗词等，兼具艺术与文化价值。瓷枕散热快，内部多中空，可通风透气，适合夏季使用。瓷枕支撑颈椎，有助于改善睡眠质量。

景德镇窑青白釉戏剧舞台人物纹枕（元，首都博物馆）

镶玉漆枕（汉，徐州博物馆）

华美典雅的漆枕

漆枕以木材为原料，表面涂多层漆料，经打磨后光滑耐用，具防水防腐特性。其上常绘有山水、花卉、人物等图案，有时还镶嵌玉石等装饰，色彩搭配和谐，对比鲜明，展现出独特的艺术魅力。相较于瓷枕和玉枕，漆枕质地较软，适合长时间使用。

玉婴儿枕（清，台北故宫博物院）

温润凝脂的玉枕

玉枕质地坚硬，温润有光泽，因玉石被认为有着“天地之精”的特性，所以玉枕也象征着高贵与纯洁，多为达官贵人所用。据李时珍《本草纲目》中记载，长期使用玉枕有助于清心明目、促进血液循环、安神助眠。

珐华堆塑狮纹带盖炉

有狮子守卫的瓷炉

国宝名称：珐华堆塑狮纹带盖炉

所属年代：明

出 土 地：四川省成都市武侯区红牌楼

这件珐华堆塑狮纹带盖炉堪称明代珐华瓷器的典范。珐华彩以瓷胎为基底，在其表面勾勒出凸起的纹饰轮廓，再填入彩料，经二次入窑低温烧制而成，工艺繁复而精湛。

瓷炉整体设计精巧雅致，色彩明艳，珐华堆塑工艺赋予其纹饰强烈的立体感。它不仅淋漓尽致地展现了明代珐华器的高超技艺，更折射出当时独特的审美追求与艺术品味，堪称明代陶瓷艺术中的瑰宝。

炉身外壁满布卷草藤蔓纹，纹饰繁复而细腻，线条如丝如缕，交织出一片生机盎然的自然画卷。这些卷草藤蔓仿佛在瓷面上肆意生长，将大自然的灵动与生机永恒定格于这方寸之间，展现出明代瓷器对自然生命力的追求。

兽头纹足不仅起着稳固器身的作用，还与炉盖上的堆塑卧狮相呼应，形成了上下统一的装饰效果和艺术风格，展现了明代工匠对细节的追求，同时为整件器物增添了几分庄重与灵动之美。

这件珐华堆塑狮纹带盖炉的色彩以墨蓝、青黑为主，整体色调古朴典雅，宛如山间苍翠的松柏，给人以深邃宁静且舒爽惬意之感。炉身上的纹饰精美而繁复，动物与植物相互映衬，生趣盎然，仿佛将自然界的蓬勃生命力注入其中。

在炉盖正中央，有一枚玲珑小巧的镂空球为钮，钮的两侧堆塑着一对鎏金卧狮，它们姿态悠然，首尾相衔，周身鎏金熠熠生辉，彰显华贵之气。盖面四周施以变形云头纹，线条婉转流畅，韵律感十足，既显古朴典雅，又富有灵动之美。

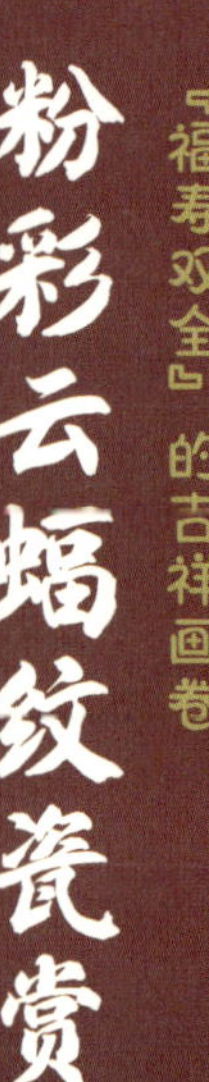

粉彩云蝠纹瓷赏瓶

「福寿双全」的吉祥画卷

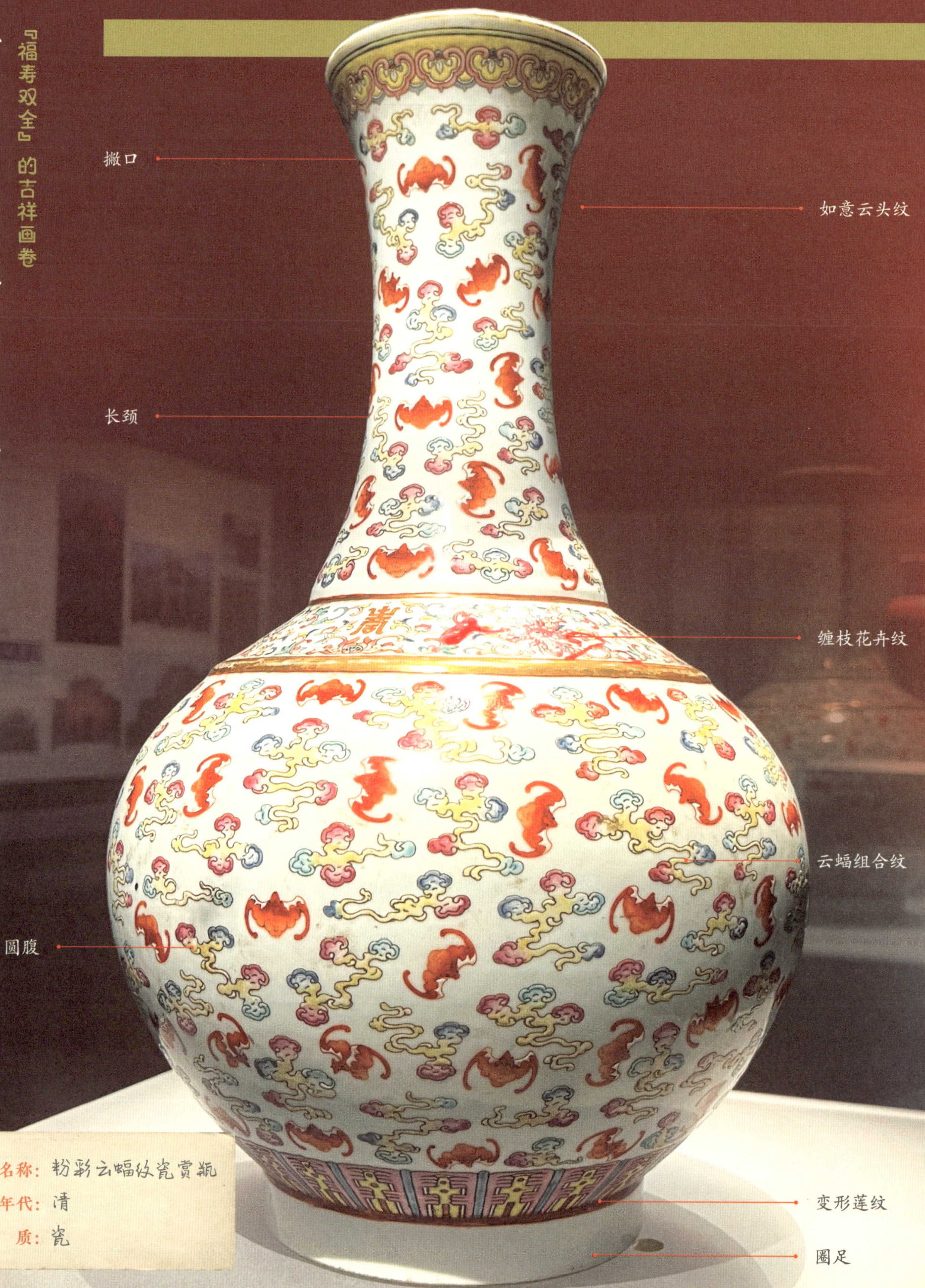
撇口
如意云头纹
长颈
缠枝花卉纹
云蝠组合纹
圆腹
变形莲纹
圈足

国宝名称：粉彩云蝠纹瓷赏瓶

所属年代：清

材　　质：瓷

这件粉彩云蝠纹瓷赏瓶腹径19.4厘米，高38.6厘米，属于清代官窑瓷器中的经典之作。

这件赏瓶造型规整秀美，线条流畅优雅，瓶身外壁通体以粉彩描金装饰，色彩绚丽明快，却又透出典雅之气。赏瓶上的纹饰图案以云蝠纹为主体，传递着吉祥美满的美好寓意，既展现了清代制瓷工艺的精湛，又蕴含着深厚的文化内涵。

这件粉彩云蝠纹瓷赏瓶的口部装饰有如意云头纹，肩部环绕一周缠枝花卉纹，腹部下方则饰有一周变形莲纹，颈部和腹部外壁满布彩绘的云蝠纹，整体色彩绚丽，纹饰精细。

肩部两道金彩弦纹之间，装饰着以篆体书写的金彩“寿”字，与瓶身象征着“洪福齐天”的云蝠纹共同组成了寓意“福寿双全”的吉祥画卷。

颈部与腹部的云蝠纹色彩绚丽、寓意深远。蝙蝠用红色绘制，取谐音，象征着“洪福”；而云纹则以多彩的灵芝状呈现，寓意“天”，整体纹饰具有“洪福齐天”的美好寓意。此外，肩部的缠枝花卉纹和腹底的变形莲纹同样具有吉祥寓意，象征着富贵与长寿。

小提示

赏瓶是清雍正时期创烧的一种新器型，并一直延续烧造至宣统时期。在雍正至咸丰时期，赏瓶多以青花缠枝莲纹为主题装饰，由于“青莲”与“清廉”谐音，皇帝将其赏赐给臣子，意味着希望他们为政清廉。同治时期以后，赏瓶的种类更加丰富，新增了粉彩、粉彩描金及单色釉等品种。

其他文物

OTHER ARTIFACTS

漆豆

不能吃的豆

漆豆的盘面大部分涂朱，运用黑、赭等色彩，以线、面结合的方法绘制出繁复的纹样。纹样似肆意生长的藤蔓，盘曲交错，又像溅起的浪花，灵动而富有生机。在中心与盘沿的两个同心圆上，有双色小圆圈均匀点缀，为整个盘面增添了几分精巧之美。

国宝名称：漆豆
所属年代：战国
出 土 地：四川省成都市商业街船棺葬墓

这件漆豆的豆盘口径41.5厘米，足径37.5厘米，通高23.8厘米。豆，是一种盛肉或其他食品的器皿，在先秦时期，豆还被作为礼器使用。

这件漆豆为木胎，以黑漆为底，其上用朱漆点缀，庄重又不失华丽。其整体造型古朴典雅，线条流畅自然，纹样精美细腻，既展现了器物的实用性，又彰显了其独特的美学价值，是战国时期古蜀文明漆器工艺的珍贵遗存。

这件漆豆造型古雅，敞口、浅盘与大圈足的结构简洁而大气，通体以红、黑两色交织，红如朱砂，黑如乌漆，色彩对比鲜明，尽显战国漆器的庄重与灵动。

成都漆器工艺的历史源远流长，得益于其得天独厚的自然条件，全球漆树资源主要集中在中国，而中国的漆树又大面积集中于四川盆地及其周边山区。早在商周时期，古蜀人民便已掌握了较为成熟的制漆技艺，为成都漆器工艺的发展奠定了坚实基础。

小提示

历代漆器颜色多以黑色与红色为主，这不仅与古代的审美观念密切相关，还受到漆器制作工艺的影响。在中国古代，尤其是战国、秦汉时期，红色与黑色被视为正统、高雅的颜色，备受推崇。例如，下图战国曾侯乙墓中出土的这件漆器以黑、红为主色调，色彩对比鲜明，采用剜制、斫制、雕刻等多种工艺制作，展现了战国时期漆器工艺的精湛水平。

曾侯乙二十八宿图彩漆衣箱
（战国，湖北省博物馆）

食器和酒器的漆艺之美

漆艺食器和酒器以其独特的魅力跨越时空，成为古老智慧与匠心的结晶。它们不仅是盛放珍馐玉液的器具，更是艺术与生活交融的见证，静静诉说着历史的温度与文化的深度。

漆鼎是汉代漆器中常见的盛食器具之一，主要用于盛放熟食。与用于炊煮的陶鼎或铜鼎不同，漆鼎通常不能加热。这件云纹漆鼎造型稳重，色彩鲜艳。球面形的鼎盖与鼎身通过子母口紧密扣合，鼎盖上有三个环形钮；鼎腹鼓起，两侧配有勾云纹耳，下承三兽蹄形足；鼎内外髹朱漆与黑漆，对比鲜明。

云纹漆鼎（汉，湖南博物院）

凤鸟双联杯（汉，湖北博物院）

凤鸟双联杯造型独特，以一只背负双杯的凤鸟为整体设计。凤鸟昂首挺立，双翼展开，尾部微微上翘，姿态灵动。其腹部并列两只竹质筒形杯，与凤鸟浑然一体。整件器物造型别致，制作精巧，装饰华丽，动静相宜，栩栩如生，尽显漆器制作的高超技艺。

“君幸酒”彩绘云纹漆耳杯呈椭圆形，饰有月牙状双耳，造型圆润流畅。杯内施朱红漆为地，其上以黑漆绘卷云纹，并书“君幸酒”三字。口沿与双耳绘有朱、赭二色几何云纹，耳背面标注“一升”字样，显示容量。其色彩明快、纹饰简洁，尽显汉代漆器工艺之精妙。

“君幸酒”彩绘云纹漆耳杯（汉，湖南博物院）

精美多样的豆

拓展话题

豆，作为古代重要的礼器和食器，承载着重要的文化与艺术价值。从战国时期的彩漆木雕到清代的掐丝珐琅，每一件豆器都凝聚着时代的审美与工艺智慧，成为跨越千年的艺术瑰宝。

彩漆木雕龙凤纹盖豆（战国，湖北博物院）

狩猎宴乐图铜盖豆

这件狩猎宴乐图铜盖豆上的精美纹饰展现了古代贵族的生活场景。豆盖上雕刻着狩猎与宴乐的生动画面，人物与动物形象栩栩如生，狩猎者手持弓箭，追逐野兽，宴乐者则载歌载舞，气氛热烈。

狩猎宴乐图铜盖豆（战国，河北博物院）

彩漆木雕龙凤纹盖豆

这件彩漆木雕龙凤纹盖豆由盖和器身两部分构成，盖顶呈椭圆形隆起，中央浮雕相互缠绕的龙，周围饰有变形云纹。全器以黑漆为底色，施以鲜艳的红彩，清晰勾勒出各部位的轮廓。器身满饰网纹、菱角纹和变形凤纹等，色彩鲜艳，形象生动。

金胎掐丝珐琅凤耳豆（清，台北故宫博物院）

金胎掐丝珐琅凤耳豆

这件金胎掐丝珐琅凤耳豆的豆身两侧饰有凤耳造型，线条流畅，形态优雅，器表以掐丝珐琅工艺装饰，色彩绚丽，富丽堂皇。其纹饰细腻精致，釉色饱满鲜艳，展现了清代掐丝珐琅工艺的极致水平。

庄园生活画像石

汉代庄园生活『百科全图』

这件庄园生活画像石高300厘米，长277厘米，由三组画像构成，自上而下生动展现了东汉时期成都平原豪强大族庄园内的生产与生活场景。

这件画像石采用浅浮雕技法，线条流畅细腻，画面内容丰富，整体风格鲜活自然、古拙有趣。它生动展现了种植业、水产业、畜牧业、酿造业、织造业等多行业并行发展的繁荣景象，宛如一幅汉代庄园生活的“百科全图”，尽显东汉时期成都平原的富庶与繁荣。

国宝名称：庄园生活画像石
所属年代：汉
出 土 地：四川省成都市西郊曾家包汉墓

这件庄园生活画像石从上至下，分别生动地描绘了山中狩猎、织造与武备、酿酒过程三幅图景。三幅图景层次分明、栩栩如生，生动再现了东汉时期庄园生活的烟火与繁华。

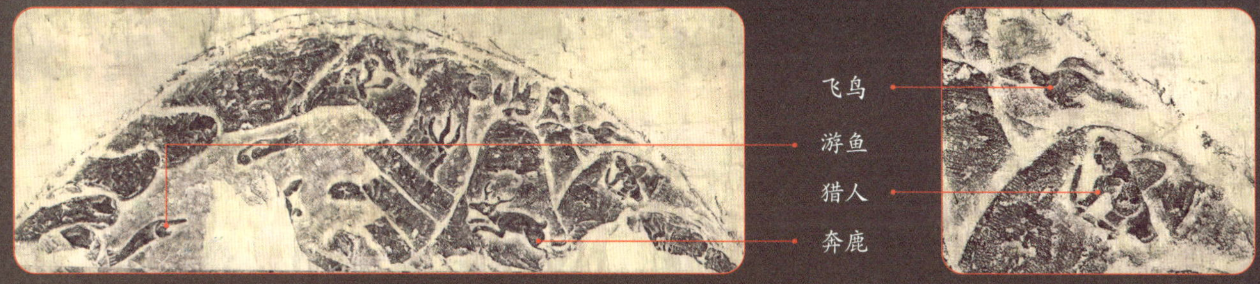

画像石的上层勾勒了一幅山中狩猎的生动场景：野鹿在山林间飞奔，鱼儿在水中悠然畅游，鸟儿在空中振翅飞翔……整个场景看似一幅静谧的山林画卷。然而，画面右侧的猎人正悄然张弓搭箭，蓄势待发，似乎随时准备打破这份宁静。

画像石的中层以织造与武备为主题。画面中央矗立着兵器架，架上陈列叉、戟、矛、刀、弓箭、盾牌等兵器；两侧各有织工操作织机，左侧织机上方还有马、猴、立柱和双辕车等元素。这一部分展现了汉代庄园经济的多元性，既有手工织造业，又有武备设施，体现了庄园的自给自足能力与防御功能。

画像石的下层详细描绘了酿酒的过程，包括汲水、运粮、烧煮、装坛发酵等关键环节。酿酒作坊的周边可见猪、狗、鸡、鹅等家禽家畜，它们似被酒糟的馥郁香气吸引而来。这一场景不仅展现了汉代成都平原酿酒业的发达，也反映出庄园经济的兴盛与富足。

柱僧逸造阿育王像

承载悼念哀思的佛像

国宝名称：	柱僧逸造阿育王像
所属年代：	南朝
出 土 地：	四川省成都市西安路窖藏坑

这尊柱僧逸造阿育王像为红砂岩所造，残高约48厘米，是全国迄今为止发现的唯一一尊南朝阿育王全身像。阿育王像，是印度孔雀王朝国王阿育王所造的释迦牟尼佛像的简称。梁武帝积极效仿阿育王“以佛治国”的理念，使得阿育王信仰在当时广为流传。

这尊阿育王像的风格明显受到南亚古国犍陀罗地区艺术的影响。犍陀罗艺术从印度（天竺）经西域传入中原，最终流传至江东地区。这尊造像生动体现了印度佛教雕塑艺术在中国的传播，展现了佛教艺术在中印文化交流中的演变与发展。

佛像头部螺髻高耸，面部颧骨突出，八字胡粗长，杏仁状双眼圆睁，这些细节均展现了浓郁的西域特色。

这尊柱僧逸造阿育王像造型精美，历经千年，仍留有彩绘与贴金痕迹，保存较为完好。佛像双足后的条石背面及侧面有阴刻铭文，明确记录了其制作的年代与缘由——“（南梁）太清五年（公元551年），佛弟子柱僧逸为亡儿祈福而造”。

佛像身披通肩袈裟，袈裟上部设计有折角状的“海军领”，胸前及双腿间的衣纹呈“U”形凸起，左肘下垂落一组百褶状的衣纹，细节之处尽显精致。此佛像上的袈裟略显厚实，肩部稍窄，衣纹舒朗。

佛像的双腿直立，跣足立于精美的仰覆莲座上。莲座由双层莲瓣堆叠而成，宛如一朵正在蓬勃盛开的莲花，既暗含着佛教艺术中“莲生净土”的寓意，又烘托出佛像的庄严肃穆与神圣脱俗。

团窠对兽纹夹联珠对鸟纹半臂

千年前的『联名』蜀锦

国宝名称：团窠对兽纹夹联珠对鸟纹半臂
所属年代：唐
材　　质：锦、丝线

这件团窠对兽纹夹联珠对鸟纹半臂最长处为80厘米，最宽处为65厘米。半臂，起源于北方游牧民族，由魏晋的上襦发展而来。它袖长及肘，身长及腰，因其方便实用的特点，盛行于唐代，在宫廷和贵族中广受欢迎。

这件半臂所用的织料，一半使用中国传统蜀锦，另一半使用来自西域的粟特锦，这不仅是技术与艺术的融合，更是中西方经济与文化交汇的见证。

蜀锦主要用于半臂的对襟两侧，色彩较为柔和，以黄色为主，纹饰主要采用团窠对兽纹。这种纹饰多以圆形团窠为基本结构，内部装饰一对对称的兽类图案，其融合了中国传统祥禽瑞兽的题材与西方波斯、粟特等地区的艺术风格，既承载着唐代人对美好生活的追求，又赋予了纹样别样的异域风情。

粟特锦主要用于半臂的衣领、衣袖和对襟等位置。色彩艳丽，以红色为主，丝线采用胭脂虫染色技术，历经数年仍几乎不见褪色。在纹饰方面，以联珠对鸟纹为主，这种纹饰多以联珠环绕出圆形团窠，内部饰有一对对称的鸟类图案。这件半臂，联珠繁复精美，鸟尾长羽根根分明，展现出西域织锦热烈华丽的独特风格。

这件半臂巧妙地将两种风格迥异的织料融合一体，一边是在传统“陵阳公样”上饰以团窠对兽纹，另一边是在西域粟特锦上织出联珠对鸟纹。这种精妙绝伦的设计，不仅彰显了唐代开放包容的文化氛围，更生动地反映了当时丝绸之路上多元文化的交融与碰撞。

“陵阳公样”是唐代初年由窦师纶（陵阳公）设计的一种融合了中西方艺术风格的织锦纹样。它在传统蜀锦织造艺术的基础上，吸收了波斯、粟特等地区的联珠团窠纹样特点，形成了独特的图案风格。这种纹样以圆形团窠为主体，内部装饰对称的动物或花卉，如对雉、斗羊、翔凤、游麟等，图案繁复华丽，具有很强的装饰性。

红地团花对鸟纹锦（局部）（唐，成都博物馆）

器物小知识

中国传统四大名锦

中国传统四大名锦——云锦、蜀锦、宋锦和壮锦，各自拥有独特的传统纹样，体现了不同地域的文化特色和审美风格，是中国传统丝织工艺的瑰宝。

云锦

云锦起源于东晋，以绚丽如霞的色彩和精湛的织造工艺闻名，被誉为“锦中之冠”，曾于元、明、清三代为皇家御用。云锦纹样以华丽、繁复著称，常饰有龙凤纹、花卉纹、云纹等。

蜀锦

蜀锦历史久远，可追溯至战国，以熟丝线染色和几何图案著称，色彩鲜艳且经久不褪。其纹样丰富多样，如几何纹、动物纹和花卉纹等，色彩对比鲜明，寓意吉祥美好。

宋锦

宋锦起源于宋代，色泽华丽、图案精美，分为重锦、细锦等，广泛用于书画装裱和服饰。宋锦的纹样以典雅、精致为特征，如八达晕纹、龟背纹等。

壮锦

壮锦起源于宋代，以棉线或丝线编织，图案生动、色彩热烈，具有浓郁的民族特色，展现了壮族人民的艺术创造力。壮锦的纹样以民族特色元素和自然题材为主，有几何纹、动植物纹、太阳纹等。

古画中的制衣记忆

拓展话题

在古代社会，制衣不仅是生活所需，更是一种凝聚匠心与智慧的艺术创作。制作服装，单是布匹生产环节，就有多遍工序。从捣练到织修，再到熨烫，每一道工序都承载着人们对美的追求和对生活的热爱。美国波士顿美术博物馆所藏的《捣练图》，便是唐代制衣文化与绘画艺术完美融合的典范。

捣练

唐代人的衣服材料主要是丝和麻。而丝、麻中含胶质较多的属性催生了“捣练”这一工序。右侧的整幅画面是四位女子正在用木杵捣练。她们挽起衣袖，手持木杵，看起来动作协调而有力。经过她们的反复捶捣，生练逐渐脱胶，质地由硬变软。

织修

脱胶完成后，生练便化为熟练，但经过反复捶打的素练难免会出现破损。此时，修复与缝补便成为必要工序。左图画面中央，一位女子正坐在地毯上整理丝线，另一位女子则坐在凳子上缝纫。她们动作娴熟神情专注。

熨烫

布匹经缝补后，还需定型、熨烫。画面中，负责熨烫的女子神情专注，动作轻盈，熨烫后的素练可用于制作素色衣裳，若添色增花，则还需经过印染、刺绣等工序。

四川省其他博物馆名录（节选）

四川博物院

三星堆博物馆

成都杜甫草堂博物馆

成都武侯祠博物馆

成都金沙遗址博物馆

四川大学博物馆

成都永陵博物馆

新都杨升庵博物馆

青白江博物馆

大邑刘氏庄园博物馆

自贡恐龙博物馆

眉山三苏祠博物馆

中国彩灯博物馆

宜宾市博物院

自贡市盐业历史博物馆

攀枝花中国三线建设博物馆

泸县博物馆
（四川泸县宋代石刻博物馆）

什邡市博物馆

绵阳市博物馆

遂宁市博物馆
（四川宋瓷博物馆）

射洪市书画博物馆

达州市博物馆

南江县博物馆

成都博物馆是一座承载着古蜀文明与天府文化的璀璨殿堂，是探索古代蜀地生活与艺术的理想之地。馆藏的陶俳优俑造型诙谐生动，刻画细腻传神，完美再现了汉代俳优表演的欢乐瞬间。这件艺术珍品如此鲜活生动，吸引着我们前往去观赏。

陶俳优俑

图书在版编目（CIP）数据

成都博物馆 / 红糖美学著. -- 武汉：华中科技大学出版社，2025. 6. --（中国博物馆全书）.
ISBN 978-7-5772-1814-4

Ⅰ. G269.277.11

中国国家版本馆CIP数据核字第2025C1Y258号

中国博物馆全书. 第三辑 成都博物馆　　红糖美学　著

Zhongguo Bowuguan Quanshu. Di-san Ji Chengdu Bowuguan

出版发行：华中科技大学出版社（中国·武汉）　　电话：（027）81321913
华中科技大学出版社有限责任公司艺术分公司　　（010）67326910-6023

出 版 人：阮海洪

责任编辑：张　颖　刘昊威　夏瑞付　林晓春　　封面设计：魏　薇

责任监印：赵　月　张　丽

制　　作：王玉平

印　　刷：河北朗祥印刷有限公司

开　　本：889mm × 1194mm　1/16

印　　张：60

字　　数：663千字

版　　次：2025年6月第1版第1次印刷

定　　价：998.00元（全10册）